COLEÇÃO REFORMULADA

Aulas de redação

Uma obra prática para o aluno redigir com segurança

Redação com praticidade

Aulas de redação é um curso que assegura a alunos do 6º ao 9º ano o domínio da produção escrita.

- Com projeto gráfico jovem e arrojado, a coleção é uma proposta para tornar mais fácil e prazerosa a prática da escrita.

- Instiga e facilita o entendimento dos assuntos, com quadros explicativos e muitas atividades.

Foco

A coleção enfatiza a produção de gêneros diversos com análise de modelos e exercício da escrita.

Quadro de conteúdos
na abertura de cada unidade para orientar professor e aluno sobre o que será estudado.

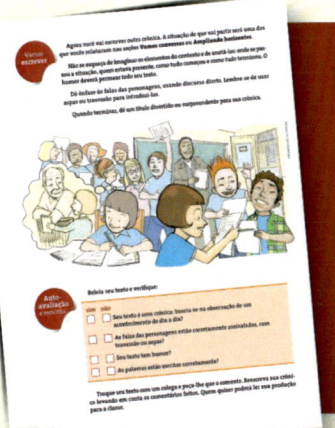

Quadro de autoavaliação
ao fim de cada unidade para o aluno identificar e retrabalhar suas dificuldades antes da produção final.

Redação na prática

Apresentadas de forma dinâmica, as atividades estimulam e capacitam o aluno a produzir seu próprio texto com clareza, correção e criatividade.

Produção

As muitas atividades de escrita iniciam-se por esquemas e orientações detalhadas, exigindo do aluno cada vez mais autonomia.

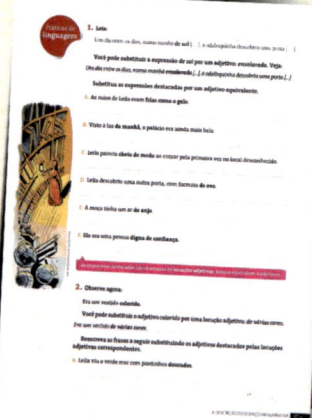

Mecanismos da língua

Os alunos trabalham, nas práticas de linguagem, os recursos linguísticos de que podem dispor para produzir seus textos.

Apoio

As informações das seções *Conexões com...* e *Ampliando Horizontes*, além de temas para reflexão, fornecem elementos para o aluno expressar com consistência seus pontos de vista.

Destaques da obra

- A coleção se organiza por gêneros textuais e trabalha as estruturas da língua que são fundamentais para a produção no gênero estudado.

- Textos em diferentes registros enfatizam a importância da adequação do uso da língua a cada contexto.

- A prática da escrita parte de esquemas simples, para que o aluno vá ganhando segurança para a produção mais elaborada.

- Informações sobre História, Ciências e Comportamento, assim como propostas de debate, oferecem ao aluno o embasamento necessário para a escrita.

- As orientações e os quadros de autoavaliação são outros importantes pontos de apoio para a reelaboração final dos textos antes de sua circulação extraclasse.

editora ática

Aulas de redação

9º

MARIA APARECIDA NEGRINHO

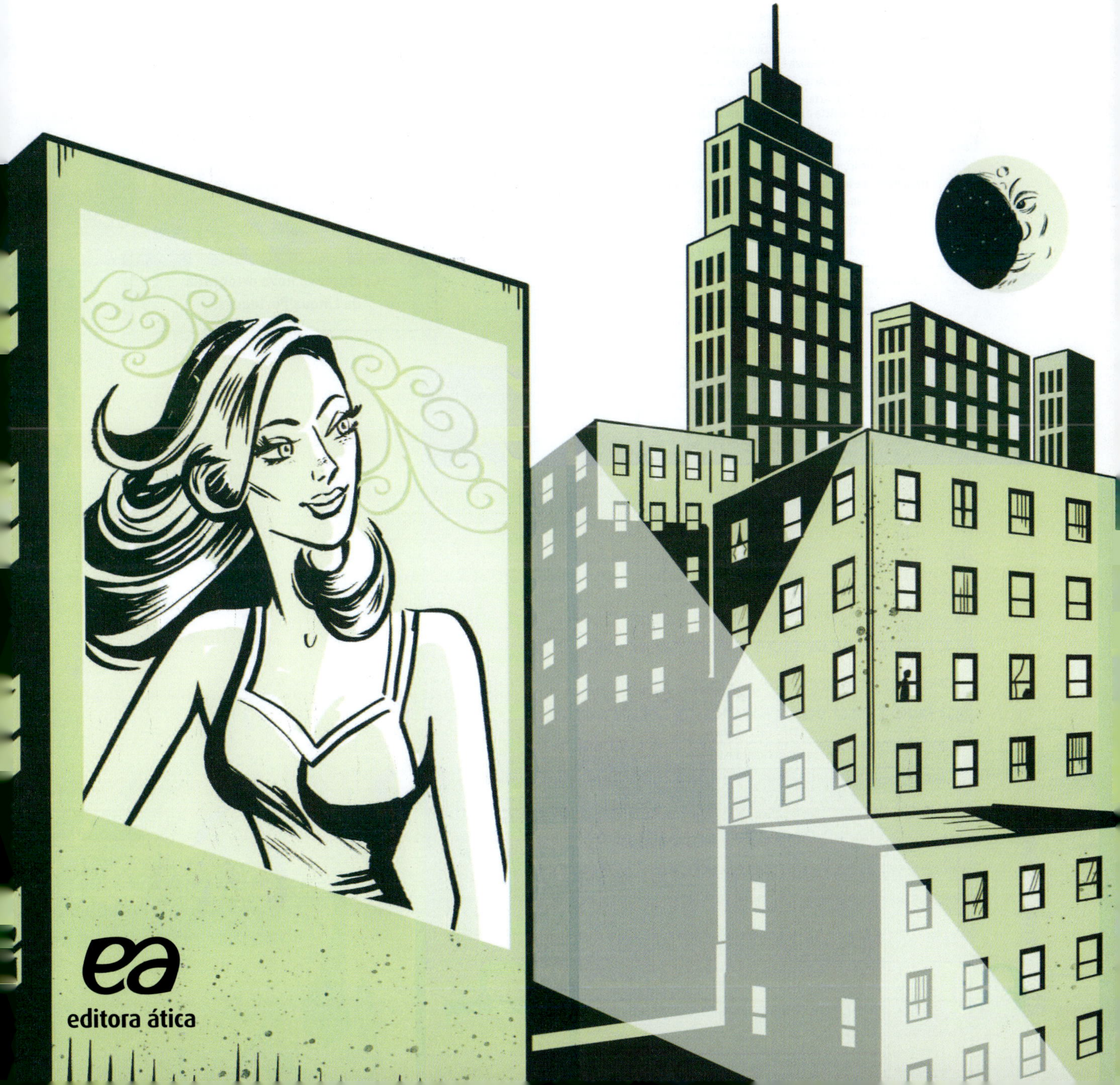

editora ática

editora ática

Diretora-Geral Editoras Ática e Scipione
Vera Balhestero
Diretora Editorial Editoras Ática e Scipione
Angela Marsiaj
Gerente Editorial Didáticos Editoras Ática e Scipione
Teresa Porto
Gerente de Qualidade e Suporte Editoras Ática e Scipione
Beatriz Mendes
Gerente Editorial Didáticos Ática
Margarete Gomes

Editora: Sueli Campopiano
Colaboração: Lúcia Leal Ferreira (Redação)
Gerente de Revisão: Hélia de Jesus Gonsaga
Equipe de Revisão: Kátia Scaff Marques (Coordenação), Célia da Silva Carvalho, Gloria Cunha, Sandra Regina de Souza e Thais Roberto Dassi
Supervisor de Arte: Sérgio Yutaka Suwaki
Equipe de Arte: Andréa Dellamagna
(Edição de Arte e Editoração Eletrônica)
Programação Visual de Capa: Andréa Dellamagna
Supervisor de Iconografia: Sílvio Kligin
Equipe de Iconografia: Caio Mazzilli (Pesquisa)
Tratamento de Imagem: Cesar Wolf e Fernanda Crevin
Programação Visual de Miolo: Lisa Ho
Ilustrações: Nik Neves (Capa), Evandro Luiz, Faifi, Nik Neves, Sabrina Eras e Theo (Miolo)
Editoração Eletrônica: Luciana Fernandes

Direitos desta edição cedidos à Editora Ática S.A.
Av. Otaviano Alves de Lima, 4400
5º andar e andar intermediário ala "A"
Freguesia do Ó – CEP 02909-900 – São Paulo – SP
Tel.: 0800 115152
www.atica.com.br / editora@atica.com.br

Dados Internacionais de Catalogação na Publicação (CIP)
(Câmara Brasileira do Livro, SP, Brasil)

Negrinho, Maria Aparecida
  Aulas de redação / Maria Aparecida Negrinho. –
São Paulo: Ática, 2011.
  Obra em 4 v.
  6º ano (13. ed.) – 7º ano (13. ed.) – 8º ano
(12. ed.) – 9º ano (11. ed.)
  Bibliografia.

  1. Português - Redação (Ensino fundamental)
I. Título.

11-06312   CDD-372.623

Índice para catálogo sistemático:
1. Redação: Português: Ensino fundamental   372.623

2018
ISBN 978 85 08 12953 9 (AL)
ISBN 978 85 08 12954 6 (PR)
Cód. da obra CL 736254
11ª edição
8ª impressão

Impressão e acabamento: Bercrom Gráfica e Editora

Conforme a nova ortografia da Língua Portuguesa

APRESENTAÇÃO

A coleção **Aulas de redação** foi organizada para oferecer aos alunos os requisitos necessários para se expressarem com clareza, correção e criatividade por meio da escrita.

Nesta reformulação, ampliamos o trabalho com gêneros textuais. Nas oito unidades de cada volume, são explorados, como modelos para a produção, textos de diferentes gêneros e as estruturas linguísticas que lhes são próprias.

A reflexão sobre a língua visa analisar não só o modo de organização do texto, mas também os mecanismos envolvidos em sua construção para atender à intenção de quem escreve. A ortografia também é trabalhada em inúmeros exercícios.

Além das propostas para debate, as seções **Ampliando horizontes** e **Conexão com...** oferecem aos estudantes uma base de dados ampla para a produção de seus textos.

O quadro de autoavaliação no final das unidades é um instrumento para diagnóstico das dificuldades encontradas.

Todos os volumes estão orientados para desenvolver o espírito crítico e a sociabilidade entre os alunos.

A autora

SUMÁRIO

Unidade 1 — PROBLEMAS DE COMUNICAÇÃO

Vamos ler 1 7
   Defenestração, Luis Fernando Verissimo 7
Vamos entender o texto 9
Práticas de linguagem 12
   Futuro do pretérito e pretérito imperfeito
   do indicativo 12
Vamos escrever 13
Ampliando horizontes 14
   Engano, Alexandre Azevedo 14
Vamos ler 2 16
   Dicionário para crianças, Lya Luft 16
Vamos entender o texto 18
Práticas de linguagem 20
   Pronomes oblíquos 20
   Pronomes relativos e regência verbal 20
Vamos escrever 21
Autoavaliação e reescrita 22

Unidade 2 — A CRÔNICA

Vamos ler 1 23
   A mamadeira das duas da manhã, Moacyr Scliar ... 23
Vamos entender o texto 25
Práticas de linguagem 27
   Hipérbole 27
Vamos conversar 29
Vamos escrever 29
Vamos ler 2 30
   A máquina da Canabrava, Mario Prata 30
Vamos entender o texto 32
Práticas de linguagem 34
   Parênteses 34
   Onomatopeia 35
   Recursos de expressividade 36
Vamos relacionar os textos 38
Ampliando horizontes 39
   Frank & Ernest, Bob Thaves 39
   Família Brasil, Luis Fernando Verissimo 39
Vamos conversar 39
Vamos escrever 39
Autoavaliação e reescrita 40

Unidade 3 — O CONTO

Vamos ler 1 41
   A doida, Carlos Drummond de Andrade 41
Vamos entender o texto 44
Práticas de linguagem 48
   Locução conjuntiva e grau
   de formalidade 48
   Discurso direto, indireto e indireto livre 49
   Pretéritos imperfeito e mais-que-perfeito
   do indicativo 50
Vamos conversar 52
Vamos escrever com esquema 52
Vamos escrever 53

Vamos ler 2 54
   O homem que queria eliminar a memória,
   Ignácio de Loyola Brandão 54
Vamos entender o texto 56
Práticas de linguagem 58
   Vocabulário 58
   Pontuação e expressividade 59
   Elipse 60
Vamos relacionar os textos 61
Vamos pesquisar 62
Ampliando horizontes 62
   Microcontos 62
Vamos escrever 64
Autoavaliação e reescrita 64

Unidade 4 — AS FORMAS DO POEMA

Vamos ler 1 65
   A lua no cinema, Paulo Leminski 65
Vamos entender o texto 66
Práticas de linguagem 68
   Metalinguagem 68
   Particípio passado e substantivo 68
Vamos conversar 69
Vamos escrever 69
Vamos ler 2 70
   Soneto de separação, Vinicius de Moraes 70
Vamos entender o texto 71
Práticas de linguagem 72
   Aliteração 72
   Vogais nasais 73
Vamos escrever 73
Vamos ler 3 74
   Poema-cauda, Lewis Carrol 74
Vamos entender o texto 75
Práticas de linguagem 75
   Presente do subjuntivo / Imperativo 75
   Voz passiva sintética e analítica 76
   Concordância nominal 77
   Poemas visuais 79
   Exploração de signos gráficos 81
Ortografia: orientações de escrita 82
Vamos escrever 83
Autoavaliação e reescrita 83

Unidade 5 — PUBLICIDADE

Vamos ler 1 84
   Anúncio publicitário 84
Vamos entender o texto 85
Práticas de linguagem 88
   Linguagem informal 88
   Duplo sentido 89
   Logotipo ou logomarca 89
   Frase-título 91
Vamos conversar 93
Vamos escrever 93
Ampliando horizontes 94
   Eu, etiqueta, Carlos Drummond de Andrade 94
Vamos conversar 95
Vamos ler 2 95
   Lua maravilhosa, Luiz O. D. Pinheiro 95
Vamos entender o texto 97
Práticas de linguagem 98
   Derivação 98
Vamos escrever 100
Autoavaliação e reescrita 100

Unidade 6 — TEXTOS JORNALÍSTICOS: ENTREVISTA E REPORTAGEM

Vamos ler 1 101
   Doutor e palhaço, Rosana Zakabi 101
Vamos entender o texto 105
Práticas de linguagem 108
   Pronomes relativos 108
   Adequação de linguagem 109
Vamos preparar a escrita 111

Vamos escrever.. 112
Vamos ler 2 114
   O riso cura, reportagem 114
Vamos entender o texto.................................... 115
Práticas de linguagem...................................... 117
   Crase... 117
   Coesão por retomada 118
   Concordância verbal e nominal............... 120
Vamos relacionar os textos 122
Ampliando horizontes 123
   Museu da Pessoa 123
Vamos escrever.. 124
Vamos planejar a escrita 124
Autoavaliação e reescrita................................. 124

Unidade 7 — TEXTOS DE OPINIÃO

Vamos ler 1 125
   Esnobe. Quem? Eu?, Gloria Kalil................ 125
Vamos entender o texto.................................... 127
Práticas de linguagem...................................... 129
   Recursos de aproximação com o leitor.......... 130
   Usos expressivos da pontuação 130
   Marcas da oralidade na escrita............... 131
   Elementos de coesão 131
Vamos conversar 132
Vamos escrever.. 133
Vamos ler 2 134
   Vestidos modernos, Lima Barreto................... 134
Vamos entender o texto.................................... 135
Práticas de linguagem...................................... 137
   Adequação de linguagem 137
   Pontuação: ponto, vírgula e ponto e vírgula .. 138
Vamos relacionar os textos 140
Ampliando horizontes 141
   Moda e política até o pescoço,
   Mariana Pasini... 141
Vamos escrever.. 143
Autoavaliação e reescrita................................. 143

Unidade 8 — ARGUMENTAÇÃO

Vamos ler 1 144
   Educação e inovação para todos, Ronaldo
   Gusmão... 144
Vamos entender o texto.................................... 146
Práticas de linguagem...................................... 149
   Silogismo 149
   Pronome relativo e conjunção integrante 151
Vamos conversar 153
Vamos escrever com esquema 155
Vamos pesquisar 156
Vamos escrever.. 157
Vamos ler 2 158
   Miguilim, João Guimarães Rosa.................. 158
Vamos entender o texto.................................... 160
Práticas de linguagem...................................... 162
   Discurso indireto livre............................... 162
Vamos conversar 164
Vamos relacionar os textos 165
Ampliando horizontes 167
   Promoção da saúde ocular na escola 167
   Vamos escrever 167
Autoavaliação e reescrita................................. 168

■ **Bibliografia geral** 168

Unidade 1

PROBLEMAS DE COMUNICAÇÃO

- **FOCO:** linguagem formal e linguagem informal.
- **GÊNEROS:** crônica e verbete de dicionário.
- **PRÁTICAS DE LINGUAGEM:** futuro do pretérito e pretérito imperfeito do indicativo; pronomes oblíquos; pronomes relativos e regência verbal

VAMOS LER 1

Luis Fernando Verissimo nasceu em Porto Alegre (RS) em 1936. Iniciou sua carreira de jornalista como copidesque no jornal *Zero Hora*, na capital gaúcha, onde posteriormente foi redator e editor. Publicou vários livros de crônicas e de contos de grande sucesso, entre os quais, *O analista de Bagé* e *O gigolô das palavras*.

Defenestração

JÁ ACONTECEU DE VOCÊ SE ENGANAR COM O SIGNIFICADO DE UMA PALAVRA, ACHAR QUE SABE O QUE ELA QUER DIZER E, QUANDO VAI PROCURÁ-LA NO DICIONÁRIO, TER UMA GRANDE SURPRESA? O TEXTO QUE VOCÊ VAI LER A SEGUIR TRATA DESSAS CILADAS QUE, POR VEZES, A LÍNGUA NOS PREGA...

Certas palavras têm o significado errado. *Falácia*, por exemplo, devia ser o nome de alguma coisa vagamente vegetal. As pessoas deveriam criar falácias em todas as suas variedades. A Falácia Amazônica. A misteriosa Falácia Negra.

Hermeneuta deveria ser o membro de uma seita de andarilhos herméticos. Aonde eles chegassem, tudo se complicaria.

— Os hermeneutas estão chegando!

— Ih, agora é que ninguém vai entender mais nada...

Os hermeneutas ocupariam a cidade e paralisariam todas as atividades produtivas com seus enigmas e frases ambíguas. Ao se retirarem deixariam a população prostrada pela confusão. Levaria semanas até que as coisas recuperassem o seu sentido óbvio. Antes disso, tudo pareceria ter um sentido oculto.

— Alô...

— O que é que você quer dizer com isso?

Traquinagem devia ser uma peça mecânica.

— Vamos ter que trocar a traquinagem. E o vetor está gasto.

Plúmbeo devia ser o barulho que um corpo faz ao cair na água.

Mas nenhuma palavra me fascinava tanto quanto *defenestração*.

A princípio foi o fascínio da ignorância. Eu não sabia o significado, nunca me lembrava de procurar no dicionário e imaginava coisas. Defenestrar devia ser um ato exótico praticado por poucas pessoas. Tinha até um certo tom lúbrico. Galanteadores de calçada deviam sussurrar no ouvido das mulheres:

— Defenestras?

A resposta seria um tapa na cara. Mas algumas... Ah, algumas defenestravam.

Também podia ser algo contra pragas e insetos. As pessoas talvez mandassem defenestrar a casa. Haveria, assim, defenestradores profissionais.

Ou quem sabe seria uma daquelas misteriosas palavras que encerravam os documentos formais? "Nestes termos, pede defenestração..." Era uma palavra cheia de implicações. Devo até tê-la usado uma ou outra vez, como em:

— Aquele é um defenestrado.

Dando a entender que era uma pessoa, assim, como dizer? Defenestrada. Mesmo errada, era a palavra exata.

Um dia, finalmente, procurei no dicionário. E aí está o *Aurelião* que não me deixa mentir. *Defenestração* vem do francês *défénestration*. Substantivo feminino. Ato de atirar alguém ou algo pela janela.

Ato de atirar alguém ou algo pela janela! Acabou a minha ignorância mas não a minha fascinação. Um ato como este só tem nome próprio e lugar nos dicionários por alguma razão muito forte. Afinal, não existe, que eu saiba, nenhuma palavra para o ato de atirar alguém ou algo pela porta, ou escada abaixo. Por que, então, defenestração?

Talvez fosse um hábito francês que caiu em desuso. Como o rapé. Um vício como o tabagismo ou as drogas, suprimido a tempo.

— Les défénestrations[1]. Devem ser proibidas.

— Sim, monsieur le Ministre[2].

— São um escândalo nacional. Ainda mais agora, com os novos prédios.

— Sim, monsieur le Ministre.

— Com prédios de três, quatro anda-

lúbrico: sensual.

rapé: pó de tabaco usado para inalação.

[1] As defenestrações. *Em francês no original* (NE).

[2] Sim, senhor ministro. *Em francês no original* (NE).

Marquês de Sade: nobre francês do século XVIII, conhecido por seu comportamento libertino, pelo qual foi várias vezes preso na Bastilha, famoso presídio de Paris derrubado na Revolução Francesa.

Sigmund Freud: médico austríaco (1856-1939) criador da psicanálise.

3 "Proibido defenestrar". *Em francês no original* (NE).

res, ainda era admissível. Até divertido. Mas daí para cima vira crime. Todas as janelas do quarto andar para cima devem ter um cartaz: "Interdit de défénestrer"[3] Os transgressores serão multados. Os reincidentes serão presos.

Na Bastilha, o Marquês de Sade deve ter convivido com notórios *défénestreurs*. E a compulsão, mesmo suprimida, talvez ainda persista no homem, como persiste na sua linguagem. O mundo pode estar cheio de defenestradores latentes.

— É esta estranha vontade de atirar alguém ou algo pela janela, doutor...

— Hmm. O *impulsus defenestrex* de que nos fala Freud. Algo a ver com a mãe. Nada com o que se preocupar — diz o analista, afastando-se da janela.

Quem entre nós nunca sentiu a compulsão de atirar alguém ou algo pela janela? A basculante foi inventada para desencorajar a defenestração. Toda a arquitetura moderna, com suas paredes externas de vidro reforçado e sem aberturas, pode ser uma reação inconsciente a esta volúpia humana, nunca totalmente dominada.

Na lua de mel, numa suíte matrimonial no 17º andar.

— Querida...
— Mmmm?
— Há uma coisa que eu preciso lhe dizer...
— Fala, amor.
— Sou um defenestrador.

E a noiva, em sua inocência, caminha para a cama:

— Estou pronta para experimentar tudo com você. Tudo!

Uma multidão cerca o homem que acaba de cair na calçada. Entre gemidos, ele aponta para cima e balbucia:

— Fui defenestrado...

Alguém comenta:

— Coitado. E depois ainda atiraram ele pela janela!

Agora mesmo me deu uma estranha compulsão de arrancar o papel da máquina, amassá-lo e defenestrar esta crônica. Se ela sair é porque resisti.

VERISSIMO, Luis Fernando. *Comédias para se ler na escola*. Rio de Janeiro: Objetiva, 2001. p. 59-62.

Vamos entender o texto

1. Na crônica lida, o autor:

A. ☐ faz uma crítica veemente a algumas palavras: as que têm significados equivocados e complicados.

B. ☐ faz humor com o significado de algumas palavras da língua portuguesa.

C. ☐ faz uma crítica à escola, mostrando que ela não se preocupa em dar aos estudantes noções de francês.

2. "Certas palavras têm o significado errado." — é assim que começa a crônica.

A. Que palavras o cronista considera que têm "o significado errado"?

_____
_____
_____

B. Você conhece o significado "certo" dessas palavras? Sem consultar o dicionário, escreva-o nas linhas abaixo.

_____
_____
_____
_____
_____
_____
_____

C. Você acha que existem, de fato, palavras cujo significado está "errado"? Justifique.

_____
_____
_____
_____
_____

3. O autor da crônica detém-se especialmente na palavra *defenestração*.

A. Qual o primeiro significado que atribui ao termo?

_____
_____

B. Em que passagens esse significado está exemplificado no texto?

_____
_____

C. Ao escrever "defenestrar a casa", que significado o cronista imaginava que o verbo *defenestrar* teria?

_____
_____
_____

D. E em "Nestes termos, pede defenestração...", qual o significado imaginado para a palavra *defenestração*?

4. Em certo momento, o cronista decide procurar no dicionário a palavra que o "fascinava" tanto. Ao descobrir que *defenestração* significa "ato de atirar alguém ou algo pela janela", fica surpreso. Como ele expressa essa surpresa na escrita?

5. A palavra *defenestração* vem do francês *défénestration* (*fenêtre* significa "janela"). Em algumas passagens da crônica, o autor recorre a essa língua. Na sua opinião, ao fazer isso ele pretende:

A. ☐ criar efeitos de humor.

B. ☐ não ser compreendido por seus leitores.

C. ☐ mostrar a seus leitores que domina esse idioma.

6. Em alguns trechos da crônica, o autor cria microcenas nas quais a palavra *defenestração* é empregada sem que as personagens compreendam seu significado. Dê um exemplo disso.

Conexão com História
Defenestração

Em 1618, Praga, capital da atual República Tcheca, vivia uma verdadeira guerra religiosa: o poder estava em mãos do rei austríaco Fernando II, católico, mas muitos dos nobres eram protestantes. Perseguidos, estes decidiram demonstrar sua revolta atirando, por uma das janelas do castelo, três representantes do monarca austríaco. O episódio teve tanta força simbólica que desencadeou a chamada Guerra dos Trinta Anos e deu origem à exótica palavra *defenestrar*, que faz parte do vocabulário de muitas línguas.

Vista panorâmica do castelo Hradcany, em Praga.

Na crônica *Defenestração*, o autor escolhe algumas palavras que, como diz humoristicamente, têm o "significado errado" e põe-se a imaginar novos sentidos para elas e situações que poderiam ocorrer caso o "novo" sentido prevalecesse. Para isso, emprega verbos no **futuro do pretérito do indicativo**. Veja:

> As pessoas **deveriam** criar falácias em todas as suas variedades. [...] Os hermeneutas **ocupariam** a cidade e **paralisariam** todas as atividades produtivas com seus enigmas e frases ambíguas.

Na língua informal, mais relaxada, muitas vezes usamos o **pretérito imperfeito do indicativo** no lugar do futuro do pretérito. É o que acontece nestes famosos versos:

> Se esta rua, se esta rua fosse minha,
>
> eu *mandava*, eu *mandava* ladrilhar... (em vez de *mandaria*)

Passe para o **futuro do pretérito do indicativo** os verbos destacados nos itens a seguir.

A. Se o mundo fosse acabar, eu **saía** correndo no meio do rua, **entrava** de roupa no mar, **comia** mil chocolates de uma só vez...

___

B. Se as eleições fossem na semana que vem, eu **viajava** até minha cidade e **votava**, mas amanhã não posso sair daqui.

___

C. Se oferecessem aulas de culinária na escola, a gente **aprendia** a cozinhar e **podia** até ganhar um dinheirinho vendendo quitutes.

___

D. Se me oferecessem uma viagem de intercâmbio, eu **escolhia** o Japão ou a Rússia, porque tenho muita curiosidade pela cultura desses países.

___

E. Se todas as crianças frequentassem a escola por um período mínimo de seis horas por dia, o Brasil **dava** um salto de qualidade.

___

Vamos escrever

Pode-se interpretar a afirmação de que "certas palavras têm o significado errado" como uma espécie de mote humorístico de que o autor se serve para brincar com o **significado** (o sentido, o conceito) e o **significante** (a imagem, o som) de algumas palavras. Observe:

ILUSTRAÇÕES: NIK NEVES/ ARQUIVO DA EDITORA

FALÁCIA
seria um vegetal, como al**fac**e, a**cel**ga, chicór**ia**, endív**ia**, ac**ácia**.

HERMENEUTA
seria um grupo de viajantes (andarilhos) – como astron**auta** e aeron**auta** – **herm**éticos (obscuros, difíceis de decifrar).

TRAQUINAGEM E VETOR
seriam componentes mecânicos, como embre**agem**, mot**or**, radiad**or** e amortece**dor**.

PLÚMBEO
seria como o barulho que um corpo faz ao cair na água, ou seja, uma onomatopeia, como tchib**um**.

Faça como Luis Fernando Verissimo: junto com um colega, brinque com os significados e sons de palavras que vocês já ouviram, mas não sabem bem o que querem dizer. Criem microcenas com elas, como as do autor da crônica que vocês leram. Em seguida, procurem as palavras escolhidas no dicionário e vejam qual seu significado "oficial". Se preferirem, optem por uma ou algumas das palavras a seguir:

prostrado	galanteador	compulsão	reincidente
adágio	fomento	mixórdia	tramoia

PROBLEMAS DE COMUNICAÇÃO

Ampliando horizontes

Engano

ÀS VEZES PODEM OCORRER PROBLEMAS DE COMUNICAÇÃO NUMA CONVERSA PELO TELEFONE MESMO QUE A LIGAÇÃO ESTEJA BOA. VEJA POR QUÊ.

Toca o telefone:

— Alô?

— Alô, a RÊ taí?

— É ela, quem tá falando?

— Oi, RÊ, aqui é o FÊ.

— Oi, FÊ, comé que cê tá?

— Tô bem. Eu queria vê se cê sabe por onde anda a TÊ.

— Sei sim. Ontem mesmo eu a encontrei na festa do PÊ.

— PÊ? Que PÊ?

— O mano do GÊ, aquele que é chegado na RÔ, lembra?

— Mas o PÊ não morreu?

— Esse PÊ não. Quem morreu foi o PÊ da LU.

— Ah, é mesmo! E, por falar nisso, como tá a LU?

— A LU sofreu muito, mas agora tá boa, até já arranjou outro namorado, o GU. Cê manja?

— GU... GU... Ah! Agora me lembro, é o cunhado da DÊ, aquela que faz medicina, né?

— Não, não. Esse aí é o JU, marido da ZÊ, que se formou o ano passado em comunicação.

— Puxa! O JU conseguiu se formar? Como?

— Lembra da SÔ, aquela japinha cê-dê-efe?

— Só.

— Então, ela passava cola pra ele na hora da prova.

— Mas, vamos falar sobre a TÊ, tá? Se cê encontrar com ela de novo, diz pra ela ligar pra mim, ok?

— Ué, cê não tem telefone aí na república.

— Mas eu nunca morei em república, eu tô no apê da VI.

— Pô, FÊ! Então cê mentiu pra gente.

— Cê deve tá enganada, eu nunca falei que morava em república.

— O quê? Cê tá me chamando de mentirosa? Pois fique sabendo que cê que é mentiroso.

— Pô, vê se não enche, Renata!

— Renata? Mas aqui quem tá falando é a REGINA.

— Regina? Então foi engano, me desculpe.

— Mas então quem é você?

— Fernando.

— Fernando? Cê me desculpa também, pensei que fosse o FERREIRA.

AZEVEDO, Alexandre. *Que azar, Godofredo!* 2. ed. São Paulo: Atual, 1989. p. 43-4. (Série Transas e Tramas.)

1. Qual o problema de comunicação narrado na crônica lida?

___

Conexão com Internet

Pelo telefone e pela internet

Antes da internet, acontecia às vezes de pessoas conhecerem-se apenas pelo telefone e criarem um envolvimento amoroso, que depois era conferido num encontro pessoal.

O encontro pessoal podia provocar surpresas desagradáveis para ambos.

Atualmente contam-se muitos casos de desgostos provocados pela internet. Os correspondentes podem mentir não só com palavras, mas também com imagens: o rapaz franzino manda a foto de um atleta cheio de músculos, a menina de poucos atrativos físicos manda a foto de uma garota de corpo bonito. Recomenda-se extremo cuidado aos muito jovens, pois já se registraram também casos de delinquentes servindo-se desse expediente para atrair vítimas.

2. Nos bate-papos pela internet também se usam muitas palavras abreviadas. Na sua opinião, nessas conversas podem ocorrer mal-entendidos do mesmo tipo visto no texto *Engano*?

___

Dicionário
para crianças

VAMOS LER 2
Lya Luft nasceu em 1938, em Santa Cruz do Sul (RS). É tradutora, cronista, contista, romancista e poeta. Escreve também para o público infantojuvenil.

UM DICIONÁRIO DEVE SERVIR PARA TODOS OS TIPOS DE LEITORES OU É PRECISO HAVER UM DICIONÁRIO ESPECÍFICO PARA CADA FAIXA ETÁRIA? REFLITA SOBRE ESSA QUESTÃO LENDO O TEXTO A SEGUIR.

O menino de sete anos chegou até o pai e pediu um dicionário.

O pai lhe botou na mão um dicionário escolar, bastante simples. A criança olhou, leu, sacudiu a cabeça:

— Tá difícil, pai, isso aí não interessa. Não tem dicionário pra criança?

Hoje deve ter, mas naquele tempo não tinha. Enquanto os adultos pensavam no que fazer, o menino decidiu:

— Eu vou escrever um, posso?

Claro que podia. [...] O alfabeto ele conhecia, escrevia direitinho, e depois de uma semana chuvosa de férias saíram vários verbetes.

Alguns deles aqui vão:

Alface. Alface é uma verdura. A alface é de comer mas eu não como alface. Ela é verde na folha e branca no cabo. Minha mãe diz que salada faz bem pra saúde mas eu não como salada. Azar o meu.

Argola. A argola é um tipo de círculo. Ela é bem redonda. Eu vi na televisão que no circo tem argolas grandes e pequenas. Os homens do circo pegavam as argolas grandes, botavam fogo, e o tigre tinha de pular no meio. Coitado do tigre.

Amigo. Amigo é uma pessoa que gosta da outra. Daí é amigo. Eu sou amigo da minha família e da família da nossa empregada. A gente devia ser amigo de todo mundo. Mas às vezes não dá.

Afogado. Afogado é uma pessoa que se

afoga. Na praia eu vi pessoas afogadas e os salva-vidas iam lá e salvavam elas. Os salva-vidas são pessoas que salvam as pessoas. Um homem que se afoga mas fica vivo é porque não tinha se afogado muito. Eu nunca me afoguei.

Bonito. Bonito é uma coisa que se chama de bonito. Por exemplo: uma pessoa que seja o contrário de feia é bonita. Eu, minha mãe, meu pai e meus irmãos somos todos bonitos. Ainda bem. Mas o mundo que Deus fez é o mais bonito de tudo.

Livro. Livro é uma coisa muito boa porque eu gosto de ler. Eu já li um monte de livros mas meu irmão pequeno só rasga eles. Tem uns livros que são de histórias e outros que são de estudar. Eles já são feitos para isso. Meu pai escreve livros para estudar. Nós aprendemos lendo e estudando, mas também aprendemos com as professoras ou nem precisava existir professora.

Mala. Mala é uma coisa com tampa, parece uma caixa mas não é de madeira, é de couro. A mala serve para botar a roupa quando a gente vai viajar. Não gosto de olhar uma mala porque me lembro de que às vezes meu pai viaja e quando ele viaja eu tenho saudades dele. Ainda bem que ele sempre volta.

Ninho. Ninho é uma coisa que os passarinhos fazem para morar, para dormir, para botar os ovinhos e para ter os filhotes. Numa árvore de minha casa tem um ninho de passarinho. O ninho é feito de muitas coisas que eles vão juntando por aí, pedaços de pau, pedaços de pano, folhas secas e tudo isso. O ninho do joão-de-barro é bem diferente porque parece uma casa de verdade feita de barro. O ninho do joão-de-barro parece um iglu. O iglu é a casa dos esquimós que moram no gelo. Lá deve ser muito frio.

Seco. Seco é o contrário de molhado. Por exemplo: quando não chove fica tudo seco. Quando o sol fica raiando muitos dias tudo fica seco. Sem sol nada fica seco. Aí a mãe reclama que está tudo úmido. Úmido é um tipo de molhado. Mas o sol não pode raiar o tempo todo. Porque daí todas as plantas se queimam e então também tem que existir a chuva. Que é molhada.

Seringueira. Seringueira é uma planta que nasce sem flores, ela não tem flores. Ela nasce num cabinho e depois começa a aparecer uma coisa muito cor-de-rosa e dali nasce uma folha e começa a vir a árvore inteira. No pátio da nossa casa tinha uma seringueira mas meu pai mandou cortar porque dizem que as raízes dela são muito compridas e estragam tudo. Mas eu gostava da minha seringueira e quando ela fosse bem alta eu ia poder subir nos galhos dela.

Xixi. Estou botando essa palavra porque só conheço essa com x mas minha mãe disse que podia. O xixi é um líquido que sai da barriga da gente. O xixi é amarelo. O xixi é importante, porque senão onde íamos botar toda a água que a gente toma? Por isso é que todos fazem xixi.

Zebu. Essa também é uma letra que eu conheço poucas palavras. O zebu é um animal. É um tipo de boi. Ele tem uma cabeça, um corpo, quatro pernas, um rabo, dois olhos, uma boca, um nariz, um pé, outro pé. E mais dois pés. O mais importante nele é o coração. Depois uns homens chegam lá e matam ele e tiram a carne dele e comem. Isso eu acho muito esquisito. E meio triste. Mas se não fosse assim como é que a gente ia comer carne?

Zero. Eu lembrei outra palavra com essa letra, o zero. O zero não é uma palavra porque é um número. Mas número a gente também escreve o nome dele. Outro dia minha mãe disse que ela é um zero na cozinha. Eu não entendi direito isso. Nota zero parece que é quando alguém é preguiçoso na escola ou burro. O zero que eu conheço é um número assim meio redondo quase como um ovo. Um cara é um zero à esquerda quando não trabalha direito. Isso aí foi meu pai quem falou.

LUFT, Lya. *Pensar é transgredir.* Rio de Janeiro: Record, 2004. p. 149-52.

Vamos entender o texto

1. Por que o menino resolveu escrever um dicionário?

_____

_____

_____

_____

2. Assinale as alternativas corretas:

A. ☐ A linguagem empregada pelo menino nos verbetes de seu dicionário é relaxada, informal.

B. ☐ O menino recorre a suas experiências pessoais para explicar a seu leitor o que significa o termo que escolheu definir.

C. ☐ Todas as palavras definidas pelo menino são substantivos.

D. ☐ O menino resolveu fazer um dicionário porque estava doente e acamado e não tinha com que brincar.

3. Esta é a definição de **verbete** do *Dicionário eletrônico Houaiss da língua portuguesa*:

> ■ substantivo masculino
> [...]
> 4. Em lexicografia, o conjunto das acepções, exemplos e outras informações pertinentes contido numa entrada de dicionário, enciclopédia, glossário, etc.

HOUAISS, Antônio. *Dicionário eletrônico Houaiss da língua portuguesa*. Rio de Janeiro: Objetiva, 2009.

Os verbetes criados pelo menino correspondem a essa definição de verbete? Explique.

4. Leia o verbete da palavra *zero* e os quadrinhos que explicam suas partes:

- Entrada do verbete, com separação de sílabas
- Classe gramatical da palavra – no caso, substantivo masculino – abreviada
- Número de acepção da palavra: a ele se segue a respectiva definição

> ze.ro. s.m. 1. Algarismo sem valor absoluto que, colocado à direita de outro algarismo (no sistema de numeração decimal), decuplica-lhe o valor. 2. Ponto em que se começa a contagem de números, a medida de graus, etc. 3. (*fig.*) Pessoa ou coisa inútil ou sem valor.

- Abreviação de "figuradamente, figurado"

LUFT, Celso Pedro. *Minidicionário Luft*. São Paulo: Ática, 2008.

Note que a linguagem empregada caracteriza-se pela conformidade à variedade-padrão e pela tendência à impessoalidade (não há marcas da presença do enunciador, neste caso, do autor do verbete).

Agora releia a definição feita pelo menino na crônica *Dicionário para crianças*:

Zero. Eu lembrei outra palavra com essa letra, o zero. O zero não é uma palavra porque é um número. Mas número a gente também escreve o nome dele. Outro dia minha mãe disse que ela é um zero na cozinha. Eu não entendi direito isso. Nota zero parece que é quando alguém é preguiçoso na escola ou burro. O zero que eu conheço é um número assim meio redondo quase como um ovo. Um cara é um zero à esquerda quando não trabalha direito. Isso aí foi meu pai quem falou.

Aponte nesse trecho do texto:

A. marcas da presença do autor do verbete:

___
___
___

B. marcas de informalidade linguística:

___
___
___

C. marcas que indicam que o autor do verbete é uma criança:

___
___
___

PROBLEMAS DE COMUNICAÇÃO

Práticas de linguagem

Vimos que, nos verbetes escritos pelo menino na crônica *Dicionário para crianças*, a linguagem é descontraída, informal. Trata-se de um recurso, entre outros, para a caracterização da personagem.

Reescreva as frases de modo que as expressões em destaque se tornem mais formais, conforme os exemplos:

1. "Eu já li um monte de livros mas meu irmão pequeno só rasga **eles**."

*Eu já li um monte de livros mas meu irmão pequeno só **os** rasga.*

A. "Na praia eu vi pessoas afogadas e os salva-vidas iam lá e salvavam **elas**."

B. "Depois uns homens chegam lá e matam **ele**..."

C. Meu irmão conheceu a namorada ontem e hoje já levou **ela** para almoçar lá em casa.

D. Gosto muito de meu professor de filosofia e consulto **ele** sempre, mesmo quando o assunto não tem relação com a escola.

2. "Essa também é uma letra **que** eu conheço poucas palavras."

*Essa também é uma letra **com a qual** eu conheço poucas palavras. (= conheço poucas palavras **com** essa letra)*

A. O aluno **que** eu conversei ontem era de outra cidade.

B. O programa de TV **que** eu te falei vai passar de novo amanhã.

C. Joana me disse que a matéria *que* mais gosta é Matemática.

D. As ruas *que* eu passo, no caminho da escola, estão precisando de um novo asfaltamento.

E. A funcionária *que* eu mandei o *e-mail* sobre a compra do imóvel ainda não respondeu.

3. A linguagem formal que você usou nas atividades anteriores seria adequada para caracterizar o menino que é personagem do texto *Dicionário para crianças*? Justifique.

Vamos escrever

1. A ideia é fazer um livro da classe para ser apresentado a outras turmas e/ou incluído no *site* ou portal da escola.

■ Observe novamente o verbete da palavra *zero* (atividade 4 da seção **Vamos entender o texto**). Escolha uma ou algumas das palavras para as quais você e um colega criaram significados na seção **Vamos escrever** anterior. Reescreva seu(s) verbete(s), agora com o sentido próprio da palavra, seguindo estas orientações:

A. Separe em sílabas a palavra que servirá de entrada.

B. Indique sua classe gramatical usando abreviações (a classe estabelece um padrão, em conjunto, para elas. Por exemplo, *adj.* para *adjetivo*; *adv.* para *advérbio*.).

C. Numere as acepções ao redigir sua definição.

Lembre-se: a linguagem tem de ser o menos pessoal possível neste caso.

■ A classe vai elaborar um Dicionário quase Sério com os verbetes das palavras com sentidos inventados seguidos dos verbetes com o sentido próprio dessas mesmas palavras.

A. Ponham as entradas em ordem alfabética. Façam uma montagem bem interessante com os verbetes, dedicando uma página para cada palavra e/ou autor.

B. Façam o sumário com as palavras usadas como entrada de cada verbete seguidas do nome do respectivo autor e indiquem a página em que cada uma se encontra.

C. Não esqueçam de fazer uma capa com o título da publicação e a identificação da turma.

■ Façam a publicação circular por outras turmas.

2. Agora, em duplas, usando como mote essas mesmas palavras e os sentidos que vocês criaram para elas, escrevam uma crônica em que aconteça uma confusão causada pelo entendimento equivocado dessas palavras.

Vocês podem criar personagens, como na crônica *Dicionário para crianças*, ou apresentar comentários sobre a situação criada com a confusão, como na crônica *Defenestração*.

Autoavaliação e reescrita

Releiam a crônica e verifiquem:

sim	não	
☐	☐	A situação apresentada está relacionada a um equívoco de compreensão da palavra escolhida?
☐	☐	Foram usados travessões na indicação de diálogos (se houve diálogos)?
☐	☐	O nível de linguagem, formal ou informal, está coerente com a caracterização das personagens?

As duplas trocam o texto umas com as outras, leem o que os colegas escreveram e apontam as mudanças que acham que devem ser feitas.

Depois, cada dupla passa a limpo o seu texto levando em conta os comentários feitos pelos colegas. Iniciem um portfólio com a crônica feita pela dupla. A ele vocês poderão acrescentar outras produções para, no final do ano, compará-las e avaliar o desenvolvimento que alcançaram.

Unidade 2

A CRÔNICA

- **FOCO:** características da crônica.
- **GÊNERO:** crônica de costumes.
- **PRÁTICAS DE LINGUAGEM:** hipérbole; parênteses; onomatopeia; recursos expressivos.

VAMOS LER 1

Moacyr Scliar nasceu em 1937 e morreu em 2011, no Rio Grande do Sul. Médico sanitarista e escritor, publicou mais de trinta títulos entre romances, livros de contos, ensaios e coletâneas de crônicas. Em 2003, foi eleito para a Academia Brasileira de Letras. Em sua obra predominam temas relacionados à realidade social da classe média urbana e ao judaísmo.

A mamadeira das duas da manhã

O CHORO É UMA DAS FORMAS DE O BEBÊ SE EXPRESSAR, MAS NEM SEMPRE SE CONSEGUE ENTENDER POR QUE ELE CHORA. O TEXTO DE MOACYR SCLIAR FALA DAS DIFICULDADES DE UM PAI ENQUANTO O FILHO É BEBÊ.

Amigos me mandam um cartão; mostra um pai de pijama, barbudo, desfeito, segurando um bebê e a mamadeira. O cartão diz que muita coisa pode ser escrita a respeito da mamadeira das duas horas da manhã.

Presumindo que o pai barbudo seja eu, aceito o desafio: muita coisa pode ser dita a respeito da mamadeira das duas da manhã. Nem tudo é publicado, naturalmente, mas aqui vão algumas das reflexões que me ocorrem.

Às duas da manhã a maior parte das pessoas de bom senso costuma estar dormindo. Fazem exceção os boêmios, os guardas-noturnos, os poetas muito inspirados e algumas outras categorias profissionais. Supondo que você faça parte da maioria silenciosa: lá está você mergulhado num sono reparador, sonhando com um cruzeiro de iate pelo Caribe. Está você encostado na amurada ao lado de uma bela mulher que pode ou não ser sua esposa, quando se ouve ao longe a sereia de um navio. Ruído

A CRÔNICA 23

Sereia: ser mitológico, metade peixe, metade mulher, que com seu canto sedutor atraía os marinheiros e provocava o naufrágio de embarcações.

Sereia: instrumento que produz sons altos e estridentes em ambulâncias, viaturas policiais, navios e fábricas. Em algumas regiões do Brasil, dá-se a esse instrumento o nome **sirene** ou **sirena**.

incômodo, que você gostaria de não escutar; mas é impossível. Mesmo porque não se trata da sereia de nenhum navio. É o bebê, chorando. Está na hora da mamadeira.

A primeira coisa que acontece é uma discussão com sua mulher sobre quem deve ir atender o garoto. Nos tempos do chamado chefe de família, este debate não cabia: a mãe levantava e ia cumprir com sua obrigação. Hoje, quando as mulheres trabalham e estão conscientes de seus direitos, as coisas mudaram. Você argumenta, pondera os riscos do feminismo, alega que tem de trabalhar no dia seguinte, apela para os instintos maternais. Inútil. Pela escala estabelecida é a sua vez de levantar. Você atira o cobertor para o lado (um movimento que exige especial resolução quando a temperatura ambiente aproxima-se de zero grau) e parte para o empreendimento, mas não sem antes dar uma topada com o dedão do pé na cama, evento que não contribui em nada para melhorar o seu bom humor. Ainda que cambaleante, você chega ao berço e olha o bebê.

A disposição dele é completamente diferente da sua. O entusiasmo de seu choro é qualquer coisa de estarrecer. Se as massas oprimidas da América Latina gritassem desse jeito, você raciocina, as multinacionais estariam bem-arranjadas.

O momento, contudo, não é para tais considerações. Você pega a mamadeira, que já está pronta — pelo menos previdentes vocês são — e a primeira coisa que faz é deixá-la cair no chão, onde imediatamente bilhões de bactérias tomam posse dela. Você tem de preparar outra mamadeira, usa para isto um frasco novo. Coloca lá dentro o leite, aquece-a, experimenta-a no dorso da mão, ignora a queimadura de terceiro grau que o líquido produziu, e vai firme para o bebê. Ele suga, esfomeado — mas aparentemente não consegue o que quer, porque continua gritando. O furo do bico é pequeno, você pensa, e aumenta-o. Nada. Você alarga mais o furo, transforma-o num rombo. Nada. Finalmente, você se lembra de tirar o disco de borracha que estava na base do bico. Agora sim, o leite jorra — como cascata, quase afogando o garoto. Você faz tudo de novo, e desta vez, sim, dá certo. O bebê toma o leite, enquanto você fica ruminando considerações sobre a vida, nenhuma delas particularmente otimista.

O fim da mamadeira é a sua libertação. Você pode voltar para a cama. Isto é, se o bebê permite. Há vezes em que ele continua chorando. Você tenta remédios para cólicas,

CIA: Agência Central de Inteligência, órgão governamental americano encarregado de ações de espionagem internacional, entre outras tarefas.

você muda as fraldas (duvido que você ainda tenha vontade de comer abacate, depois de ver o que contêm) e o guri sempre chorando. Finalmente você é obrigado a concluir: você não sabe por que ele chora. Talvez a CIA consiga descobrir, mas você não tem o número do telefone deles.

Quando você já está pensando em fazer as malas e fugir para o Irã ou para o polo Norte, ele de súbito deixa de chorar. Assim mesmo: para de chorar. Você suspira aliviado, toma o rumo da cama, dá a topada habitual e aí vê o relógio: sete horas. Está na hora de levantar.

Você faz a barba, toma banho, se veste, toma café — tudo isso com olhos fechados — e antes de sair você ainda dá uma olhada no bebê.

Dorme tranquilamente, claro. E o sorriso que ostenta é definitivamente irônico e triunfante.

SCLIAR, Moacyr. In: *Um país chamado infância*. 6. ed. São Paulo: Ática, 2000. p. 54-7. (Coleção Para Gostar de Ler).

Vamos entender o texto

1. O autor inicia seu texto esclarecendo o motivo que o levou a escrevê-lo. Que motivo foi esse?

2. Transcreva do texto um trecho que mostra que as responsabilidades do casal em relação ao filho são hoje diferentes do que eram no passado.

3. Releia esta passagem:

[...]**Você** pega a mamadeira, que já está pronta — pelo menos previdentes **vocês** são — e a primeira coisa que faz é deixá-la cair no chão [...].

A. Ao longo do texto, o autor emprega várias vezes o pronome *você*, mas no trecho entre travessões muda o tratamento para *vocês*. A quem se referem os pronomes *você* e *vocês*?

_____

B. Que efeito de sentido o uso dessa segunda pessoa (do singular e do plural) provoca no leitor: torna-o mais próximo ou mais distante das situações narradas? Explique.

_____
_____
_____
_____

4. Hipérbole é uma figura de linguagem que ocorre quando se empregam expressões exageradas.

A. Preencha o quadro a seguir com as hipérboles que o autor criou para cada item.

ITEM	HIPÉRBOLE
choro do bebê	
risco de contaminação da mamadeira	
ferimento que o leite aquecido provoca no narrador	
furo do bico da mamadeira	
quantidade de leite que passa pelo bico da mamadeira	
estresse do narrador	

B. Que efeito o emprego de hipérboles produz no texto?

_____
_____
_____
_____
_____

5. Assinale as afirmações corretas a respeito do texto:

A. ☐ O autor tece comentários sobre uma situação comum, do seu dia a dia.

B. ☐ O autor conta fatos que aconteceram somente uma vez.

C. ☐ Os fatos narrados e as personagens envolvidas são extraordinários.

D. ☐ O autor comenta situações que envolvem pessoas comuns, que nada têm de extraordinário.

Práticas de linguagem

1. Uma das formas de construir uma hipérbole é fazer uma comparação, como a que vimos no texto:

*O leite **jorra como cascata**.*

Essa comparação mostra, de forma exagerada, que o jorro da mamadeira era muito forte.

Complete as frases a seguir fazendo uma comparação exagerada. Use verbos no pretérito imperfeito do indicativo.

A. Totalmente indiferentes aos riscos, aqueles motoristas _____
_____

B. Não suportando mais o tênis apertado, Rodrigo _____
_____

C. Desesperado com as contas a pagar, o homem _____
_____

D. Mal-educado, o chefe do Atendimento ao Cliente _____
_____

E. Depois de tantas horas sem comer, a garota _____
_____

2. Outro tipo de hipérbole consiste em usar uma gradação como esta:

*Você alarga mais o **furo**, transforma-o num **rombo**.*

Um simples furo transforma-se num rombo, na visão exagerada do autor.

Construa o mesmo tipo de gradação nas frases propostas.

A. Diante de mais um contratempo, a irritação de Marcelo transformou-se _____

B. Seu riso, a princípio contido, evoluiu para _____

C. Aos seus olhos ela não era apenas uma garota bonita, era _____

D. O carro já estava parecendo ferro-velho por causa da primeira batida, de modo que a segunda batida transformou-o _____

E. Aquilo já não era bagunça, era _____

F. Os espectadores assistiram a uma luta totalmente desigual, _____

Conexão com Sociologia
O feminismo

No texto *A mamadeira das duas da manhã*, Moacyr Scliar faz menção ao feminismo, movimento de liberação da mulher iniciado na década de 1960.

Esse movimento bateu de frente com a chamada família patriarcal, aquela na qual o homem trabalhava fora o dia todo enquanto a mulher tomava conta do lar e dos filhos. O poder econômico acompanhava-se do autoritarismo do homem na relação com a esposa e os filhos.

Reagindo contra esse quadro, as feministas pregavam a igualdade de direitos entre homens e mulheres. Progressivamente as mulheres deixaram de se dedicar exclusivamente ao lar e invadiram o mercado de trabalho. A partir daí, os homens passaram a dividir as tarefas domésticas com a esposa, como vimos no texto: o pai se reveza com a mulher para dar mamadeira ao filho durante a madrugada.

Do ponto de vista do homem patriarcal, a vitória do feminismo pode parecer uma derrota. Mas a nova geração de pais, convivendo numa relação mais democrática com a família, adquiriu uma convivência afetiva com os filhos da qual o homem antigo se privava.

Marcha pela Libertação das Mulheres, em agosto de 1971, em Nova York, EUA.

Crônica

A mamadeira das duas da manhã é uma **crônica**.

Crônica é um gênero textual que se situa entre o literário e o jornalístico.

Em geral, o ponto de partida é um acontecimento mais ou menos prosaico do cotidiano do cronista – uma ida ao dentista, um animal de estimação e suas manias, um incidente no ônibus... – ou uma notícia do dia ou da semana – o craque de futebol que se contundiu, uma nova descoberta científica... Em seguida, o cronista tece considerações de ordem mais geral: sobre as relações humanas, sobre política, sobre esportes, etc. No caso específico de *A mamadeira das duas da manhã*, pode-se dizer que se trata de uma crônica de costumes, pois o cronista parte de uma situação de sua própria experiência, particular, para refletir, com humor, sobre a experiência de muitos pais diante de seus bebês.

As crônicas são geralmente publicadas pela primeira vez em jornais, revistas ou *sites*. Assim, pode-se dizer que a situação de comunicação entre o cronista e o leitor é de relativa intimidade e até cumplicidade, como uma conversa ao pé do ouvido – daí a linguagem descontraída e, por vezes, poética empregada por muitos autores, e a presença do *eu* (1ª pessoa) apresentando a situação.

Vamos conversar

Conte para os seus colegas uma situação habitual que ocorre ou ocorria envolvendo você e seus pais ou responsáveis e que sempre apresentava complicações que depois se transformavam em motivo de boas gargalhadas.

Vamos escrever

Escreva uma crônica tratando da situação que você narrou na seção **Vamos conversar**. Siga este roteiro:

- Imagine que sua crônica será publicada num jornal da escola – ou seja, que seus leitores serão os colegas, professores e funcionários do lugar em que você estuda.

- Comece apresentando a seu leitor a situação que servirá de ponto de partida para suas reflexões.

- A linguagem poderá ser descontraída, o que não quer dizer descuidada: só se desvie da variedade-padrão quando for de fato necessário – por exemplo, para criar cumplicidade com seu leitor, você poderá usar gírias e outras expressões do dia a dia.

- Se possível, inclua uma ou mais hipérboles como as da seção **Práticas de linguagem**.

- Dê um título a sua crônica.

- Passe seu texto a limpo.

A máquina da *Canabrava*

SERÁ QUE O ANTIGO ÀS VEZES É O NOVO, E O NOVO, O ANTIGO? É O QUE A CRÔNICA NOS LEVA A PERGUNTAR...

VAMOS LER 2
Mario Prata nasceu em 1946, em Uberaba (MG). Além de cronista renomado, é também dramaturgo, romancista, contista e tradutor.

No primeiro dia de aula, a professora de História da Economia, na velha USP da rua Doutor Vilanova, Alice Canabrava, escreveu no quadro-negro o nome de um livro sobre o mercantilismo e disse, seriíssima:

— Na próxima aula (dali a uma semana), prova sobre o livro.

Era o estilo dela, que eu já havia enfrentado no exame oral (é, tinha oral) do vestibular para Economia em 1967. Me lembro que ela me perguntou qual era a diferença entre uma nau e uma caravela. Na época, eu sabia.

Mas o mundo é pequeno e trinta anos depois vim a descobrir que a Canabrava era tia da minha amiga escritora-arquiteta Lúcia Carvalho. Era tia. Morreu há um mês, já velhinha, aposentada e lúcida. Deixou sua casa — com tudo o que tinha lá dentro, incluindo uma genial biblioteca — para Lúcia.

E a Lúcia acaba de me mandar um *e-mail* que eu transcrevo na íntegra, sobre uma velha máquina da catedrática tia. Vamos lá.

Ouve só. A gente esvaziando a casa da tia neste carnaval. Móvel, roupa de cama, louça, quadro, livro. Aquela confusão, quando ouço dois dos meus filhos me chamarem.

— *Mãe!*
— *Faaala.*

— A gente achou uma coisa incrível. Se ninguém quiser, pode ficar para a gente? Hein?
— Depende. Que é?
Os dois falavam juntos, animadíssimos.
— Ééé... Uma máquina, mãe.
— É só uma máquina meio velha.
— É, mas funciona, está ótima!
Minha filha interrompeu o irmão mais novo, dando uma explicação melhor.
— Deixa que eu falo: é assim, é uma máquina, tipo um... teclado de computador, sabe só o teclado? Só o lugar que escreve?
— Sei.
— Então. Essa máquina tem assim, tipo... uma impressora, ligada nesse teclado, mas assim, ligada direto. Sem fio. Bem, a gente vai, digita, digita...
Ela ia se animando, os olhos brilhando.
— ... e a máquina imprime direto na folha de papel que a gente coloca ali mesmo! É muuuito legal! Direto, na mesma hora, eu juro!
Eu não sabia o que falar. Eu **ju-ro** que não sabia o que falar diante de uma explicação dessas, de menina de 12 anos, sobre uma máquina de escrever. Era isso mesmo?
— ... entendeu, mãe?... zupt, a gente escreve e imprime, a gente até vê a impressão tipo na hora, e não precisa essa coisa chata de entrar no computador, ligar, esperar hoooras, entrar no Word, de escrever olhando na tela, mandar para a impressora, esse monte de máquina, de ter que ter até estabilizador, comprar cartucho caro, de nada, mãe! É muuuuito legal, e nem precisa colocar na tomada! Funciona sem energia e escreve direto na folha da impressora!
— Nossa, filha...
— ... só tem duas coisas: não dá para trocar a fonte nem aumentar a letra, mas não tem problema. Vem, que a gente vai te mostrar. Vem...
Eu parei e olhei, pasma, a máquina velha. Eles davam pulinhos de alegria.
— Mãe. Será que alguém da família vai querer? Hein? A gente vai ficar torcendo para ninguém querer para a gente poder levar lá para casa, isso é o máximo! O máximo!
Bem, enquanto estou aqui, neste "teclado", estou ouvindo o plec-plec da tal máquina, que, claro, ninguém da família quis, mas que aqui em casa já deu até briga, de tanto que já foi usada. Está no meio da sala de estar, em lugar nobre, rodeada de folhas e folhas de textos "impressos na hora" por eles. Incrível, eles dizem, plec-plec-plec, muito legal, plec-plec-plec.
Eu e o Zé estamos até pensando em comprar outras, uma para cada filho. Mas, pensa bem se não é incrível mesmo para os dias de hoje: sai direto, do teclado para o papel, e sem tomada!
Céus. Que coisa. Um beijo grande, Lúcia.
É, Lúcia, a nossa querida Alice Canabrava deve estar descansando em paz e rindo muito. E dê uns beijos nos filhos e agradeça a crônica pronta-pronta, plec-plec-plec, que eu ofereço aos meus leitores. E leitoras.

PRATA, Mario. *Cem melhores crônicas (que na verdade são 129)*. São Paulo: Planeta do Brasil, 2007. p. 131-3.

Conexão com História
A máquina de escrever

Talvez você também nunca tenha visto uma máquina de escrever. Entretanto, durante muito tempo, foi a ela que recorreram milhões de pessoas que tinham que escrever seus textos.

E você sabia que um brasileiro teve o papel de maior destaque na invenção da máquina de escrever? Pois é verdade.

Trata-se do padre paraibano Francisco João de Azevedo (1814-1880). Ele não foi o primeiro a imaginar esse invento. Já no século XVII muitos cientistas fizeram projetos e desenvolveram protótipos de máquinas de escrever.

Mas foi o padre Azevedo quem fez o primeiro modelo que realmente funcionava e que podia ser industrializado.

Por ironia do destino, o padre morreu pobre como sempre vivera e sem ver reconhecido seu pioneirismo.

Na foto à esquerda, a primeira máquina de escrever; ao lado, uma versão mais recente do invento.

Vamos entender o texto

1. Que acontecimento da semana ou fato do cotidiano do cronista serviu de ponto de partida para essa crônica?

_____
_____

2. O título da crônica permite que o leitor saiba de antemão o assunto de que o texto trata? Explique.

_____
_____
_____

3. Assinale a alternativa mais adequada:

A. ☐ O cronista começa seu texto mencionando o fato ou acontecimento que o motivou a escrever.

B. ☐ O cronista começa seu texto rememorando momentos de sua juventude que não têm nenhuma relação com esse fato ou acontecimento.

C. ☐ O cronista começa seu texto contextualizando o fato ou acontecimento que é assunto de sua crônica.

D. ☐ O cronista começa seu texto descrevendo uma personagem ligada a esse fato ou acontecimento.

E. ☐ O cronista começa seu texto advertindo o leitor sobre esse fato ou acontecimento.

4. Por que uma parte do texto está em itálico (letras inclinadas à direita)?

_____

_____

5. Assinale a alternativa que está em desacordo com o texto:

A. ☐ O humor do texto vem do fato de que os adolescentes demonstram acreditar que a máquina de escrever é uma evolução do computador.

B. ☐ Há humor no texto porque os jovens acreditam estar "apresentando" a velha máquina de escrever à mãe, que, na realidade, a conhecia de longa data.

C. ☐ Tanto o autor da crônica como sua amiga Lúcia se surpreendem com o encantamento dos jovens pela velha máquina de escrever.

D. ☐ O entusiasmo dos adolescentes pela máquina de escrever é passageiro: ela é logo esquecida por todos.

E. ☐ Ao finalizar a crônica, o autor agradece aos filhos de sua amiga porque, afinal, ele deve a eles a ideia de seu texto.

6. Você viu que, em crônicas, o autor parte de uma situação particular para falar de algo de interesse mais amplo, público, numa linguagem informal e íntima. Isso vale para a crônica *A máquina da Canabrava*? Explique.

_____

_____

_____

_____

_____

_____

A CRÔNICA

7. *A máquina da Canabrava* pode ser classificada como uma crônica de costumes. Justifique essa afirmativa.

_____

_____

_____

Práticas de linguagem

1. Em algumas passagens da crônica *A máquina da Canabrava*, o autor dirige-se mais diretamente ao leitor, inserindo informações e comentários entre parênteses. Observe:

— Na próxima aula (*dali a uma semana*), prova sobre o livro.

Era o estilo dela, que eu já havia enfrentado no exame oral (*é, tinha oral*) do vestibular para Economia de 1967. [...]

No primeiro caso, ele intercala uma informação sua na fala da professora, avisando o leitor de que ela era exigente e dava apenas uma semana de preparação para a prova sobre um livro. No segundo caso, o autor supõe que seu leitor possa estranhar o fato de que, em sua época, houvesse exame oral nos vestibulares e "responde" a essa estranheza ("é").

Faça o mesmo nos diálogos a seguir.

A. No tempo em que meu pai frequentava a escola, levava horas datilografando seus trabalhos, cujos rascunhos ele escrevia a mão. **Informação a inserir:** sim, ele usava máquina de escrever.

_____

_____

_____

_____

B. Desde a semana passada, Tarcísio e eu temos passado todo o tempo juntos. **Informação a inserir:** esqueci de te contar, ele veio de Diamantina para me ver.

_____
_____
_____

C. Durante muitos séculos os defensores da escravidão alegavam que se tratava de um mal necessário. **Informação a inserir:** sim, havia pessoas que defendiam a escravidão!

_____
_____
_____

D. Em 1989, o muro que dividia Berlim em duas caiu, e as Alemanhas Oriental e Ocidental se unificaram. **Informação a inserir:** sim, por 28 anos houve um muro dividindo essa cidade.

_____
_____
_____

2. Na crônica *A máquina da Canabrava*, os adolescentes, ao descrever a máquina de escrever, usam a onomatopeia *zupt*, para expressar a rapidez com que a "impressão" acontece, e *plec-plec-plec*, para imitar o barulhinho do aparelho. Ao fazer isso, o texto ganha em expressividade. Substitua as palavras destacadas nas frases por uma ou mais onomatopeias relacionadas abaixo.

| chuá | atchim | clique | tique-taque | frufru |

A. O **barulho** do relógio não me deixou dormir.

_____
_____

B. Ontem Murilinho estava muito resfriado e abatido, mas até os **espirros** dele são engraçadinhos e comoventes.

_____
_____
_____

C. Foi naquele momento que ouvi passos atrás da porta e, logo em seguida, o **som** da chave sendo introduzida cuidadosamente na fechadura.

D. Nos bailes da corte, o **rumor** dos longos vestidos de seda das mulheres competia com os acordes das orquestras.

E. A cortina de água do jardim atrapalha meu sono. Não consigo dormir com aquele **barulho da água caindo**.

3. Releia este trecho de *A máquina da Canabrava*:

— Mãe!
— **Faaala**.
— A gente achou uma coisa incrível. Se ninguém quiser, pode ficar para a gente? Hein?
— Depende. Que é?
Os dois falavam juntos, animadíssimos.
— **Ééé**... Uma máquina, mãe.

Observe que, ao transcrever seu diálogo com os filhos, Lúcia, a amiga do cronista, repete algumas letras de *fala* e de *é*, a fim de aproximar a escrita dessas palavras da maneira como foram pronunciadas na situação vivida.

Nos itens a seguir, use esse mesmo recurso: escolha um ou mais termos e repita trechos deles para torná-los mais expressivos e próximos da linguagem oral.

A. Marta cruza para Cristiane, Cristiane dribla uma, dribla duas e... gol!

_____

_____

B. Alberto! Alberto! Desce logo, menino, que o almoço está esfriando.

_____

_____

C. Eu estava vendo TV quando, do nada, o alarme do carro disparou. Nossa! Que susto, cara!

_____

_____

D. Não estou te ouvindo. Repete, por favor. Repete. Fala mais alto!

_____

_____

E. Fiquei muito feliz com o presentinho que você me mandou.

_____

_____

4. O hífen pode ser usado também como um recurso para dar expressividade à fala escrita. Observe:

Eu não sabia o que falar. Eu **ju-ro** que não sabia o que falar diante de uma explicação dessas [...]

Além do destaque em negrito, o uso do hífen separando as sílabas de "juro" reforça a ideia expressa pela palavra.

Crie uma frase dando ênfase a uma ideia com o uso do hífen para separar as sílabas de uma palavra a ser enfatizada.

_____

Vamos relacionar os textos

Complete com base nos textos lidos.

A relação entre pessoas de idades diferentes é elemento central nas duas crônicas: na primeira, entre _____ ; na segunda, entre _____
_____ .

Na primeira crônica essa relação é ponto de partida para mostrar um "conflito de interesses" entre essas pessoas: o pai quer _____ quando o bebê quer _____ e vice-versa.

Na segunda crônica, essa relação é ponto de partida para revelar diferentes perspectivas sobre algo: _____ .

Enquanto para a mãe esse aparelho que praticamente desapareceu do mercado é uma espécie de relíquia do passado, para seus filhos, habituados ao computador, ele parece _____ .

Ambas as crônicas partem de algo trivial — _____
_____
— para abordar temas de interesse mais amplo, e o fazem em linguagem _____
_____ e num tom
_____ .

Ampliando horizontes

Leia as tirinhas a seguir.

THAVES, Bob. Frank & Ernest. *O Estado de S. Paulo*, 9 mar. 2005.

VERISSIMO, Luis Fernando. Família Brasil. *O Estado de S. Paulo*, 27 fev. 2005.

Agora converse com seus colegas, sob a orientação do professor:

Vamos conversar

1. Que características mais se destacam nas personagens da tirinha de Bob Thaves?

2. Quem são as personagens da tirinha de Luis Fernando Verissimo? Caracterize-as.

3. Você acha que se pode dizer que, como nas duas crônicas que você leu nesta unidade, o tema dessas tirinhas é a relação entre pais e filhos, isto é, entre pessoas de gerações diferentes?

4. Na primeira tira, o autor adota o ponto de vista dos mais jovens e, na segunda, o ponto de vista dos mais velhos. Você concorda com esta afirmação?

Vamos escrever

Escreva uma crônica semelhante a *A máquina da Canabrava*.

Imagine algo — objeto, costume, formas de fazer arte... — que possa ser visto nos dias de hoje como uma "novidade" embora seja antigo. A situação pode se passar no presente ou no futuro. Pode ser fotografia, livro impresso, moda, telefone, etc.

A crônica que a classe escolher poderá ser publicada no *site* da escola ou no *blog* das turmas de 9º ano.

Siga as orientações:

- Escreva seu texto em 1ª pessoa.

- Contextualize a situação. Conte a seu leitor como os fatos se passaram. Use diálogos para dar a palavra diretamente às personagens envolvidas, como fez Mario Prata em *A máquina da Canabrava*: assim você poderá usar uma linguagem ainda mais descontraída nesses trechos.

- Dirija-se ao leitor de sua crônica e comente com ele o que pensa ou sente a respeito dos fatos que está relatando. Assim você estará, como todo cronista, "ampliando" a reflexão sobre um acontecimento particular, tornando-o interessante para mais pessoas.

- Se possível, use onomatopeias, repita letras, destaque sílabas de palavras, use recursos para aproximar o leitor do texto... Isto é, recorra ao que aprendeu nas atividades das seções **Práticas de linguagem** desta unidade.

- Dê um título a sua crônica.

Autoavaliação e reescrita

Agora você vai reler e avaliar seu texto. Baseie-se nos itens do quadro abaixo para fazê-lo.

sim	não	
☐	☐	Sua crônica é narrada em 1ª pessoa?
☐	☐	Você contextualizou o assunto de que vai tratar?
☐	☐	Você usou diálogos, isto é, passou a palavra às personagens? Nesses trechos, a linguagem ficou mais descontraída?
☐	☐	Você dialogou com seu leitor, comentando a situação?
☐	☐	Usou recursos expressivos?
☐	☐	O título "combina" com a crônica?

Depois de reler seu texto à luz das questões propostas no quadro acima, reescreva-o. Formem grupos com número ímpar de alunos. Cada grupo analisa as crônicas escritas pelos colegas de um outro grupo e escolhe aquela de que mais gostou. As crônicas escolhidas – uma por grupo – serão avaliadas por toda a classe. A mais votada deverá ser publicada no *site* da escola ou no *blog* das turmas de 9º ano, que vocês poderão criar.

Unidade 3

O CONTO

- **FOCO:** características do conto e do microconto.
- **GÊNERO:** conto.
- **PRÁTICAS DE LINGUAGEM:** locução conjuntiva; discurso direto, indireto e indireto livre; pretéritos mais-que-perfeito e imperfeito do indicativo; pontuação; elipse.

VAMOS LER 1

Carlos Drummond de Andrade nasceu no estado de Minas Gerais em 1902. Desde cedo evidenciou que sua poesia vinha para renovar a literatura brasileira: seu poema "No meio do caminho" (do livro *Alguma poesia*, publicado em 1930) causou escândalo porque consistia basicamente na repetição do mesmo verso ("Tinha uma pedra no meio do caminho") com pequenas variações, e isso definitivamente não parecia poesia à maioria dos leitores da época. Depois disso, aos poucos Drummond se firmou como um dos maiores poetas brasileiros de todos os tempos, além de refinado cronista. Morreu em 1987 no Rio de Janeiro, cidade onde passou a maior parte de sua vida.

A doida

NESTE TEXTO, VOCÊ VAI CONHECER UM MOMENTO DECISIVO NA VIDA DE UM GAROTO QUE SAIU DE CASA PENSANDO APENAS EM SE DIVERTIR.

A doida habitava um chalé no centro do jardim maltratado. E a rua descia para o córrego, onde os meninos costumavam banhar-se. Era só aquele chalezinho, à esquerda, entre o barranco e um chão abandonado; à direita, o muro de um grande quintal.

[...]

Os três garotos desceram manhã cedo, para o banho e a pega de passarinho. Só com essa intenção. Mas era bom passar pela casa da doida e provocá-la. As mães diziam o contrário: que era horroroso, poucos pecados seriam maiores. Dos doidos devemos ter piedade, porque eles não gozam dos benefícios com que nós, os sãos, fomos aquinhoados. Não explicavam bem quais fossem esses benefícios, ou explicavam demais, e restava a impressão de que eram todos privilégios de gente adulta, como fazer visitas, receber cartas, entrar para irmandades. E isso não comovia ninguém. A loucura parecia antes erro do que miséria. E os três sentiam-se inclinados a lapidar a doida, isolada e agreste no seu jardim.

Como era mesmo a cara da doida, poucos poderiam dizê-lo. Não aparecia de frente e de corpo inteiro, como as outras pessoas, conversando na calma. Só o busto, recortado numa das janelas da frente, as mãos magras, ameaçando. Os cabelos, brancos e desgrenhados. E a boca inflamada, soltando xingamentos, pragas, numa voz rouca. Eram palavras da Bíblia misturadas a termos populares, dos quais alguns pareciam escabrosos, e todos fortíssimos na sua cólera.

Sabia-se confusamente que a doida tinha sido moça igual às outras no seu tempo remoto (contava mais de sessenta anos, e loucura e idade, juntas, lhe lavravam o corpo).

Corria, com variantes, a história de que fora noiva de um fazendeiro, e o casamento, uma festa estrondosa; mas na própria noite de núpcias o homem a repudiara, Deus sabe por que razão. O marido ergueu-se terrível e empurrou-a, no calor do bate-boca; ela rolou escada abaixo, foi quebrando ossos, arrebentando-se. Os dois nunca mais se viram. Já outros contavam que o pai, não o marido, a expulsara [...]. De qualquer modo, as pessoas grandes não contavam a história direito, e os meninos deformavam o conto. Repudiada por todos, ela se fechou naquele chalé do caminho do córrego, e acabou perdendo o juízo. [...]

Os três verificaram que quase não dava mais gosto apedrejar a casa. As vidraças partidas não se recompunham mais. A pedra batia no caixilho ou ia aninhar-se lá dentro, para voltar com palavras iradas. Ainda haveria louça por destruir, espelho, vaso intato? Em todo caso, o mais velho comandou, e os outros obedeceram na forma do sagrado costume. Pegaram calhaus lisos, de ferro, tomaram posição. Cada um jogaria por sua vez, com intervalos para observar o resultado. [...]

Aí, o terceiro do grupo, em seus onze anos, sentiu-se cheio de coragem e resolveu invadir o jardim. [...]

O garoto empurrou o portão: abriu-se. Então, não vivia trancado?... E ninguém ainda fizera a experiência. Era o primeiro a penetrar no jardim, e pisava firme, posto que cauteloso. Os amigos chamavam-no, impacientes. Mas entrar em terreno proibido é tão excitante que o apelo perdia toda a significação. Pisar um chão pela primeira vez; e chão inimigo. [...] Tinha a pedra namão, mas já não era necessária; jogou-a fora. Tudo tão fácil, que até ia perdendo o senso da precaução. Recuou um pouco e olhou para a rua: os companheiros tinham sumido. Ou estavam mesmo com muita pressa, ou queriam ver até aonde iria a coragem dele, sozinho em casa da doida. Tomar café com a doida. Jantar em casa da doida. Mas onde estaria a doida? [...] E o menino saltou o peitoril, pisou indagador no soalho gretado, que cedia.

A porta dos fundos cedeu igualmente à pressão leve, entreabrindo-se numa faixa estreita que mal dava passagem a um corpo magro. [...]

O menino foi abrindo caminho entre pernas e braços de móveis, contorna aqui, esbarra mais adiante. O quarto era pequeno e cabia tanta coisa.

Atrás da massa do piano, encurralada a um canto estava a cama. E nela, busto soerguido, a doida esticava o rosto para a frente, na investigação do rumor insólito.

Não adiantava ao menino querer fugir ou esconder-se. E ele estava determinado a conhecer tudo daquela casa. De resto, a doida não deu nenhum sinal de guerra. Apenas levantou as mãos à altura dos olhos, como para protegê-los de uma pedrada.

Ele encarava-a, com interesse. Era simplesmente uma velha, jogada num catre preto de solteiro, atrás de uma barricada de móveis. E que pequenininha! O corpo sob a coberta formava uma elevação minúscula. Miúda, escura, desse sujo que o tempo deposita na pele, manchando-a. E parecia ter medo.

Mas os dedos desceram um pouco, e os pequenos olhos amarelados encararam por sua vez o intruso com atenção voraz, desceram às suas mãos vazias, tornaram a subir ao rosto infantil.

A criança sorriu, de desaponto, sem saber o que fizesse.

Então a doida ergueu-se um pouco mais, firmando-se nos cotovelos. A boca remexeu, deixou passar um som vago e tímido.

Como a criança não se movesse, o som indistinto se esboçou outra vez.

Ele teve a impressão de que não era xingamento, parecia antes um chamado. Sentiu-se atraído para a doida, e todo desejo de maltratá-la se dissipou. Era um apelo, sim, e os dedos, movendo-se canhestramente, o confirmavam.

Cortina: peça, de pano ou outro material, que regula a entrada de luz natural num ambiente.

Cortina de fumaça: qualquer recurso empregado para despistar alguém sobre suas reais intenções. Na ilustração, o abraço é uma cortina de fumaça utilizada pelo "amigo" para colar a etiqueta na vítima.

O menino aproximou-se, e o mesmo jeito da boca insistia em soltar a mesma palavra curta, que entretanto não tomava forma. Ou seria um bater automático de queixo, produzindo um som sem qualquer significação?

Talvez pedisse água. A moringa estava no criado-mudo, entre vidros e papéis. Ele encheu o copo pela metade, estendeu-o. A doida parecia aprovar com a cabeça, e suas mãos queriam segurar sozinhas, mas foi preciso que o menino a ajudasse a beber.

Fazia tudo naturalmente, e nem se lembrava mais por que entrara ali, nem conservava qualquer espécie de aversão pela doida. A própria ideia de doida desaparecera. Havia no quarto uma velha com sede, e que talvez estivesse morrendo.

Nunca vira ninguém morrer, os pais o afastavam se havia em casa um agonizante. Mas deve ser assim que as pessoas morrem.

Um sentimento de responsabilidade apoderou-se dele. Desajeitadamente, procurou fazer com que a cabeça repousasse sobre o travesseiro. Os músculos rígidos da mulher não o ajudavam. Teve que abraçar-lhe os ombros — com repugnância — e conseguiu, afinal, deitá-la em posição suave.

Mas a boca deixava passar ainda o mesmo ruído obscuro, que fazia crescer as veias do pescoço, inutilmente. Água não podia ser, talvez remédio...

Passou-lhe um a um, diante dos olhos, os frasquinhos do criado-mudo. Sem receber qualquer sinal de aquiescência. Ficou perplexo, irresoluto. Seria caso talvez de chamar alguém, avisar o farmacêutico mais próximo, ou ir à procura do médico, que morava longe. Mas hesitava em deixar a mulher sozinha na casa aberta e exposta a pedradas. E tinha medo de que ela morresse em completo abandono, como ninguém no mundo deve morrer, e isso ele sabia não apenas porque sua mãe o repetisse sempre, senão também porque muitas vezes, acordando no escuro, ficara gelado por não sentir o calor do corpo do irmão e seu bafo protetor.

Foi tropeçando nos móveis, arrastou com esforço o pesado armário da janela, desembaraçou a cortina, e a luz invadiu o depósito onde a mulher morria. Com o ar fino veio uma decisão. Não deixaria a mulher para chamar ninguém. Sabia que não poderia fazer nada para ajudá-la, a não ser sentar-se à beira da cama, pegar-lhe nas mãos e esperar o que ia acontecer.

ANDRADE, Carlos Drummond de. *O sorvete e outras histórias.* São Paulo: Ática, 2007. p. 24-30.

Vamos entender o texto

Conto

Antes de responder às questões propostas, leia o quadro abaixo.

A doida é um **conto**, gênero literário que se caracteriza por ser uma narrativa ficcional curta (*ficcional* porque é baseada em fatos imaginados, inventados).

Os contos têm, em geral, os elementos comuns às narrativas: narrador, personagens, espaço e tempo. E apresentam a seguinte estrutura:

SITUAÇÃO INICIAL	CONFLITO	DESFECHO	ENREDO
apresenta(m)-se a(s) personagem(ns), situando-a(s) no espaço e no tempo	algo "abala" a situação inicial e desencadeia os acontecimentos que serão narrados no conto	o conflito é "resolvido", dando início a uma situação diferente da inicial. Atenção: escrevemos a palavra *resolvido* entre aspas porque ela não significa necessariamente, aqui, "final feliz". Muitas vezes, dá-se exatamente o contrário...	é o desenrolar dos acontecimentos desde a situação inicial até o desfecho

1. Apresentamos as partes em que se divide o conto. Releia com atenção cada uma e faça um resumo delas.

SITUAÇÃO INICIAL
Parágrafos 1 a 6

Resumo:

CONFLITO
Parágrafos 7 a 23

Resumo:

DESFECHO
Parágrafos 24 a 27

Resumo:

2. Releia a descrição do espaço, logo no primeiro parágrafo do conto *A doida*:

A doida habitava um chalé no centro do jardim maltratado. E a rua descia para o córrego, onde os meninos costumavam banhar-se. Era só aquele chalezinho, à esquerda, entre o barranco e um chão abandonado [...].

A. Assinale os adjetivos usados neste trecho.

_____

B. No conto *A doida*, a descrição do espaço da narrativa tem relação com a caracterização da personagem principal? Justifique sua resposta.

_____
_____
_____
_____

3. Quanto ao tempo da narrativa, a história se passa no passado ou no presente? Justifique sua resposta.

_____
_____

4. O narrador assim se refere ao modo como os três meninos encaravam a loucura:

A loucura parecia antes erro do que miséria.

Explique esse trecho com suas palavras.

_____
_____
_____
_____

5. Segundo o narrador, a senhora que morava naquela casa era realmente doida? Reflita sobre isso analisando estes trechos com muita atenção:

[...] De qualquer modo, as pessoas grandes não contavam a história direito, e os meninos deformavam o conto. Repudiada por todos, ela se fechou naquele chalé do caminho do córrego, e acabou perdendo o juízo. [...]

[...] A própria ideia de doida desaparecera. Havia no quarto uma velha com sede, e que talvez estivesse morrendo.

_____
_____
_____
_____
_____
_____

6. Vamos trabalhar com o significado de algumas palavras do texto que são pouco usadas na linguagem cotidiana e, por isso, talvez você não conheça. Junto com um colega, releia os trechos a seguir e assinale a(s) alternativa(s) que melhor poderia(m) substituir os termos destacados.

■ "Dos doidos devemos ter piedade, porque eles não gozam dos benefícios com que nós, os sãos, **fomos aquinhoados**."

A. ☐ fomos negados　　　　C. ☐ fomos contemplados

B. ☐ recebemos　　　　　　D. ☐ doamos

■ "E os três sentiam-se inclinados a **lapidar** a doida, isolada e **agreste** no seu jardim."

A. ☐ educar / selvagem　　　C. ☐ assustar / inocente

B. ☐ apedrejar / triste　　　　D. ☐ trapacear / selvagem

■ "[...] contava mais de sessenta anos, e loucura e idade, juntas, lhe **lavravam** o corpo [...]."

A. ☐ lavavam　　　　　　　C. ☐ doíam

B. ☐ entristeciam　　　　　D. ☐ corroíam

■ "[...] E o menino saltou o peitoril, pisou indagador no soalho **gretado**, que cedia."

A. ☐ sujo　　　　　　　　　C. ☐ manchado

B. ☐ rachado　　　　　　　D. ☐ amarelado

O CONTO 47

■ "E nela, busto soerguido, a doida esticava o rosto para a frente, na investigação do **rumor insólito**."

A. ☐ barulho ensurdecedor
B. ☐ aparição inesperada
C. ☐ ruído incomum
D. ☐ moleque intruso
E. ☐ som ameaçador

■ "Sentiu-se atraído para a doida, e todo desejo de maltratá-la **se dissipou**."

A. ☐ se aguçou
B. ☐ aumentou
C. ☐ desapareceu
D. ☐ se transformou
E. ☐ tardou

7. Ainda junto com seu colega, consultem num dicionário as palavras destacadas na atividade anterior e verifiquem se escolheram as alternativas corretas.

Práticas de linguagem

1. Releia este trecho:

"Era o primeiro a penetrar no jardim, e pisava firme, *posto que* cauteloso."

Os termos destacados formam uma locução conjuntiva: *posto que*, cujo sentido é similar ao das conjunções *embora* e *mas*. Veja:

Era o primeiro a penetrar no jardim, e pisava firme, *embora* cauteloso.

Era o primeiro a penetrar no jardim, e pisava firme, *mas* cauteloso.

A diferença no uso é quanto ao grau de formalidade da língua: *mas* é mais empregado no dia a dia, e *posto que* é mais formal.

2. Nos itens a seguir, reescreva as frases dadas, substituindo a conjunção ou locução destacada pela que está entre parênteses. Faça as modificações necessárias.

A. A quaresmeira estava toda florejante, ***posto que*** já estivéssemos em meados de setembro. (apesar de)

B. O ancião, muito afável, ***posto que*** casmurro, entendia-se bem com toda a vizinhança. (embora)

C. A garota se vestia com simplicidade, ***apesar de*** ser rica e bonita. (ainda que)

DISCURSO DIRETO, INDIRETO E INDIRETO LIVRE

DISCURSO DIRETO: As falas das personagens são reproduzidas diretamente, em geral introduzidas por um verbo *dicendi* (disse, perguntou, respondeu, etc.):

O garoto avisou:
— Vou entrar na casa da doida.

DISCURSO INDIRETO: O narrador usa suas palavras para contar ao leitor o que as personagens falam ou pensam:

O garoto avisou que ia entrar na casa da doida.

DISCURSO INDIRETO LIVRE: Ocorre quando o narrador de 3ª pessoa insere, em sua fala, pensamentos ou falas de uma personagem, de modo que não se sabe bem até onde vai aquilo que é dito pelo narrador e o que é sentimento ou opinião da personagem:

"O garoto empurrou o portão: abriu-se. **Então, não vivia trancado?...**"

3. Nos fragmentos abaixo, retirados do conto *A doida*, há trechos em que a fala do narrador se mistura com o discurso da personagem. Sublinhe esses trechos.

A. Os três garotos desceram manhã cedo, para o banho e a pega de passarinho. Só com essa intenção. Mas era bom passar pela casa da doida e provocá-la. As mães diziam o contrário: que era horroroso, poucos pecados seriam maiores. Dos doidos devemos ter piedade, porque eles não gozam dos benefícios com que nós, os sãos, fomos aquinhoados. Não explicavam bem quais fossem esses benefícios, ou explicavam demais, e restava a impressão de que eram todos privilégios de gente adulta, como fazer visitas, receber cartas, entrar para irmandades. [...]

B. Ele encarava-a, com interesse. Era simplesmente uma velha, jogada num catre preto de solteiro, atrás de uma barricada de móveis. E que pequenininha! O corpo sob a coberta formava uma elevação minúscula. Miúda, escura, desse sujo que o tempo deposita na pele, manchando-a. E parecia ter medo.

4. O tempo na narrativa é marcado pelos advérbios de tempo e pelos tempos verbais. Vimos que a história narrada no conto *A doida* se passa no passado, que é marcado pelos verbos no pretérito. Em relação a esse passado, há fatos ainda anteriores. Veja:

Corria, com variantes, a história de que *fora* noiva de um fazendeiro [...]; mas na própria noite de núpcias o homem a *repudiara* [...].

Observe que ter sido noiva de um fazendeiro e ter sido repudiada por ele são fatos anteriores ao que ocorre na história, que é passada. Por isso, foram usadas as formas verbais do **pretérito mais-que-perfeito simples do indicativo**: *fora* e *repudiara*. No lugar delas se poderiam usar: *tinha sido* e *tinha repudiado* (**pretérito mais-que-perfeito composto do indicativo**). A forma composta é a mais usada de modo geral, principalmente na fala.

Indique o fato que é anterior ao outro em cada frase:

A. "Sabia-se confusamente que a doida tinha sido moça igual às outras no seu tempo remoto [...]."

B. "Já outros contavam que o pai, não o marido, a expulsara [...]."

C. "O garoto empurrou o portão: [...] E ninguém ainda fizera a experiência."

D. O jogo tinha começado quando cheguei ao estádio.

5. Releia o primeiro parágrafo do conto *A doida*, e identifique o tempo verbal usado para descrever o espaço da narrativa nesse trecho.

6. No primeiro parágrafo do conto, a sequência de verbos no tempo verbal que você identificou na questão anterior cria a impressão de que:

A. ☐ todas as ações são simultâneas, ou seja, ocorrem ao mesmo tempo.

B. ☐ há uma sequência de ações, isto é, algumas ações são anteriores a outras.

> Ao narrar fatos no passado, empregamos o **pretérito imperfeito do indicativo** para descrever as circunstâncias em que as ações ocorreram. Para narrar uma ação que ocorre no passado do passado, empregamos o **pretérito mais-que-perfeito do indicativo**.

Conexão com Estatística

Você sabe o significado da expressão *expectativa de vida*? Trata-se do número provável de anos que pessoas nascidas numa mesma época e lugar vão viver, em média.

No auge de sua glória, o Império Romano era um lugar onde as pessoas morriam aos 30 anos, em média. Na França do século 5 d.C., a expectativa de vida continuava desse jeito, e nada menos que 45% das crianças morriam durante o parto. No Rio de Janeiro, em 1850, epidemias se espalhavam com uma velocidade assustadora. Tudo isso mudou radicalmente a partir do século 20, quando a expectativa de vida cresceu sem paralelo [...]. Hoje, um brasileiro já vive, em média, mais de 70 anos. [...]

Em Andorra, pequeno país europeu localizado nos Pireneus, as pessoas vivem em média 83,5 anos. Em Botsuana, na África, o índice é de apenas 30,9 anos.

CUNHA, Paulo. Disponível em: <http://historia.abril.com.br/ciencia/expectativa-vida-xo-morte-435891.shtml>. (Acesso em 26 out. 2010).

O tempo de vida de uma pessoa pode variar muito, não só do ponto de vista da história — isto é, da época em que ela vive —, como também do ponto de vista da geografia — isto é, do lugar onde ela vive. Isso se deve a uma série de fatores, como o acesso a serviços de saúde, saneamento, educação e cultura.

Observe o mapa a seguir para saber qual é a expectativa de vida da região em que vive. Em seguida, faça uma pesquisa e descubra a que fatores esse número está relacionado.

ESPERANÇA DE VIDA NO BRASIL (2009)

ESPERANÇA DE VIDA AO NASCER (2009)
- Mais de 75 anos
- 74 - 74,9
- 70 - 73,9
- De 67 - 69,9

FONTE: ADAPTADO DE SÍNTESE DE INDICADORES SOCIAIS 2010. RIO DE JANEIRO: IBGE, 2010

Vamos conversar

Com seu grupo, reflita a respeito das questões propostas.

1. Em que situações a interação entre jovens e idosos pode ser benéfica para ambos?

2. Quem deve zelar para que todos os cidadãos tenham uma velhice digna: a família ou o Estado?

Vamos escrever com esquema

Procure agora dar sua opinião sobre uma das questões discutidas na seção **Vamos conversar**. Complete um dos esquemas propostos a seguir:

ESQUEMA 1

A interação entre jovens e idosos pode ser benéfica para ambos nas seguintes situações:
_____
_____
_____ .

Nessas situações, a interação será benéfica para os jovens porque _____
_____
_____ .

E será benéfica para os idosos porque _____
_____
_____ .

ESQUEMA 2

Cabe à família/ao Estado zelar para que todos os cidadãos tenham uma velhice digna, porque _____
_____
_____ .

Uma velhice digna é aquela que proporciona ao idoso _____
_____
_____ .

Assim sendo, não seria possível à família/ao Estado proporcionar tudo isso, já que
_____
_____
_____ .

Vamos escrever

Você já ajudou uma pessoa desconhecida a enfrentar uma situação difícil? Ou, ao contrário, já precisou da ajuda de um desconhecido para sair de uma situação difícil? Ou, ainda, já ouviu alguém contar uma história em que isso aconteceu?

Você pode se basear nessa memória para escrever o pequeno conto que propomos ou criar a história. Para orientá-lo, indicamos a seguir algumas estratégias que podem ser úteis.

- Anote os dados básicos da situação: personagens (você pode inventá-las ou recriá-las), tempo e espaço (quando e onde a situação se passa), resumo do enredo (o que aconteceu e como).

- Desenvolva os dados anotados no item anterior. Anote as características das personagens e do lugar.

- Agora comece a redigir seu conto. A exemplo de *A doida*, você vai narrar seu texto em terceira pessoa. Isso significa que, mesmo que tenha vivido a situação, falará dela como se tivesse ocorrido com outra pessoa, isto é, com uma personagem.

- Se houver diálogos entre as personagens, use o discurso direto e, se possível, o discurso indireto livre, misturando a fala das personagens ao discurso do narrador.

- Um conto é uma obra de ficção, portanto, mesmo inspirado numa situação real, você poderá inventar várias coisas: modificar traços das personagens, o lugar e a época em que se passaram os fatos, acrescentar ou eliminar ações e etapas do enredo, criar um novo final...

- Não se esqueça de dar um título a seu conto.

VAMOS LER 2

Ignácio de Loyola Brandão nasceu no interior do estado de São Paulo, em 1936. Começou a escrever ainda criança: "Gostava de português e de contar histórias. Eu era um menino muito pobre e solitário e me divertia escrever". Aos 21 anos, mudou-se para a capital, onde arranjou emprego no jornal *Última Hora*. Pouco depois, publicou seu primeiro livro: *Dentes ao sol* (contos). Atualmente já são dezenas de títulos publicados, entre romances, contos e diários de viagens.

O homem que queria eliminar *a memória*

A PERSONAGEM DESTE CONTO ESTÁ IRRITADA POR TER LEMBRANÇAS DO PASSADO E QUER SE LIVRAR DELAS PARA SEMPRE. CONHEÇA O MÉTODO QUE ELA IMAGINOU PARA ISSO.

Entrou no hospital, mandou chamar o melhor neurocirurgião. Disse que era caso de vida e morte. Não se sabe como, o melhor neurocirurgião foi atendê-lo. Médicos são imprevisíveis. Precisa-se muito e eles falham; subitamente, estão ali, salvando nossas vidas, ele pensou, sem se incomodar com o lugar-comum.

Estava na sala diante do doutor. Uma sala branca, anônima. Por que são sempre assim, derrotando a gente logo de entrada? O médico:

— Sim?

— Quero me operar. Quero que o senhor tire um pedaço do meu cérebro.

— Um pedaço do cérebro? Por que vou tirar um pedaço do seu cérebro?

— Porque eu quero.

— Sim, mas precisa me explicar. Justificar.

— Não basta eu querer?

— Claro que não.

— Não sou dono do meu corpo?

— Em termos.

— Como em termos?

— Bem, o senhor é e não é. Há certas coisas que o senhor está impedido de fazer. Ou melhor, eu é que estou impedido de fazer no senhor.

— Quem impede?

— A ética, a lei.

— A sua ética manda também no meu corpo? Se pago, se quero, é porque quero fazer do meu corpo aquilo que desejo. E se acabou.

— Olha, a gente vai ficar o dia inteiro nesta discussão boba. E não tenho tempo a perder. Por que o senhor quer cortar um pedaço do cérebro?

— Quero eliminar a minha memória.

— Para quê?

— Gozado, as pessoas só sabem perguntar: o quê? por quê? para quê? Falei com dezenas de pessoas e todos me perguntaram: por quê? Não podem aceitar pura e simplesmente alguém que deseja eliminar a memória.

— Já que o senhor veio a mim para fazer esta operação, tenho ao menos o direito dessa informação.

— Não quero mais me lembrar de nada. Só isso. As coisas passaram, passaram. Fim.

— Não é tão simples assim. Na vida diária, o senhor precisa da memória. Para lembrar pequenas coisas. Ou grandes. Compromissos, encontros, coisas a pagar, etc.

— É tudo isso que vou eliminar. Marco numa agenda, olho ali e pronto.

— Não dá para fazer isso, de qualquer modo. A medicina não está tão adiantada assim.

— Em lugar nenhum posso eliminar a minha memória?

— Que eu saiba não.

— Seria muito melhor para os homens. O dia a dia. O dia de hoje para a frente. Entende o que eu quero dizer? Nenhuma lembrança ruim ou boa, nenhuma neurose. O passado fechado, encerrado. Definitivamente bloqueado. Não seria engraçado? Não se lembrar sequer do que se tomou no café da manhã? E para que quero me lembrar do que tomei no café da manhã?

— Se todo mundo fizesse isso, acabaria a história.

— E quem quer saber de história?

— Imaginou o mundo?

— Feliz, tranquilo. Só de futuro. O dia em vez de se transformar em passado de hoje, mudando-se em futuro. Cada instante projetado para a frente.

— Não seria bem assim. Teríamos apenas uma soma de instantes perdidos. Nada mais. Cada segundo eliminado. A sua existência comprovada através do quê?

— Quem quer comprovar a existência?

— A gente precisa.

— Para quê?

O médico pensou. Não conseguiu responder. O homem tinha-o deixado totalmente confuso. Pediu ao homem que voltasse outro dia. Despediram-se. O médico subiu para os brancos corredores do hospital, passou pela sala de operações. Chamou um amigo.

— Estou pensando em tirar um pedaço do meu cérebro. Eliminar a memória. O que você acha?

— Muito boa ideia. Por que não pensamos nisto antes? Opero você e depois você me opera. Também quero.

BRANDÃO, Ignácio de Loyola. In: *Contos brasileiros 1*. 16. ed. São Paulo: Ática, 2003. p. 11-3.

Conexão com Etimologia
Hospital/hospitaleiro

No latim, a palavra *hospitale* significa "estabelecimento para hóspedes". Daí a palavra **hospitaleiro**, que significa aquele que recebe bem os hóspedes. Já **hospital** é o estabelecimento onde se tratam doentes. Faz sentido, não? Afinal, um doente internado não deixa de ser um hóspede do hospital...

Vamos entender o texto

1. Complete o quadro:

PARTES DO CONTO	PARÁGRAFOS
SITUAÇÃO INICIAL	
CONFLITO	
DESFECHO	

2. Nesse conto, qual o tipo de discurso predominante?

A. ☐ Discurso direto.   B. ☐ Discurso indireto.   C. ☐ Discurso indireto livre.

3. Boa parte do diálogo entre o homem e o médico constitui uma série de argumentos e contra-argumentos a respeito da necessidade da memória. Preencha o quadro abaixo para reconstituí-los.

ARGUMENTOS DO HOMEM	CONTRA-ARGUMENTOS DO MÉDICO
As coisas que terminaram não precisam ser lembradas.	
	Desse modo a história acabaria.
Sem memória, a única perspectiva humana seria o futuro.	

4. Quem venceu a discussão? Por quê?

5. Você acha que o texto defende a ideia de que a memória é inútil ou é crítico em relação a ela? Troque ideias com seus colegas a respeito e anote suas conclusões nas linhas abaixo.

6. Recrie o primeiro parágrafo escolhendo uma destas opções:

A. O narrador é o paciente que quer livrar-se da memória.

B. O narrador é o neurocirurgião.

_____
_____
_____
_____
_____
_____
_____
_____

Práticas de linguagem

1. Vamos trabalhar novamente com algumas palavras e expressões cujo significado pode gerar dúvida e comprometer a compreensão do conto. Assinale a(s) alternativa(s) que poderia(m) substituir os termos destacados.

■ "Precisa-se muito e eles falham; subitamente, estão ali, salvando nossas vidas, ele pensou, sem se incomodar com o **lugar-comum**."

A. ☐ ambiente   **C.** ☐ estereótipo   **E.** ☐ maldade
B. ☐ preconceito   **D.** ☐ ofensa

■ "— [...] Há certas coisas que o senhor está impedido de fazer. Ou melhor, eu é que estou impedido de fazer no senhor.
— Quem impede?
— A **ética**, a lei."

A. ☐ estética   **C.** ☐ consciência   **E.** ☐ autoridade
B. ☐ poder   **D.** ☐ moral

■ "— [...] Nenhuma lembrança ruim ou boa, nenhuma **neurose**. [...]"

A. ☐ afobação   **C.** ☐ remorso   **E.** ☐ responsabilidade
B. ☐ preocupação doentia   **D.** ☐ saudade dolorosa

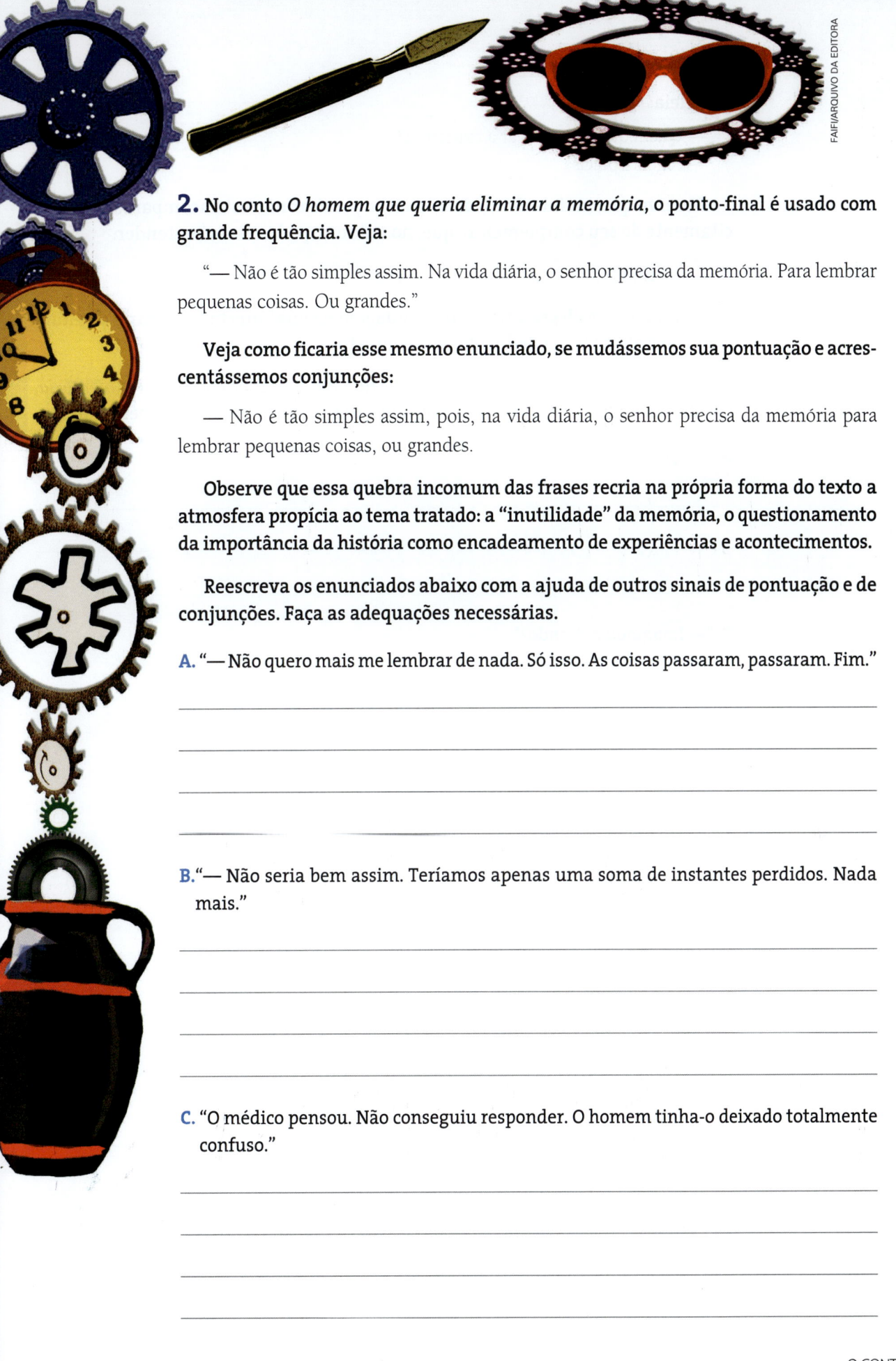

2. No conto *O homem que queria eliminar a memória*, o ponto-final é usado com grande frequência. Veja:

"— Não é tão simples assim. Na vida diária, o senhor precisa da memória. Para lembrar pequenas coisas. Ou grandes."

Veja como ficaria esse mesmo enunciado, se mudássemos sua pontuação e acrescentássemos conjunções:

— Não é tão simples assim, pois, na vida diária, o senhor precisa da memória para lembrar pequenas coisas, ou grandes.

Observe que essa quebra incomum das frases recria na própria forma do texto a atmosfera propícia ao tema tratado: a "inutilidade" da memória, o questionamento da importância da história como encadeamento de experiências e acontecimentos.

Reescreva os enunciados abaixo com a ajuda de outros sinais de pontuação e de conjunções. Faça as adequações necessárias.

A. "— Não quero mais me lembrar de nada. Só isso. As coisas passaram, passaram. Fim."

B. "— Não seria bem assim. Teríamos apenas uma soma de instantes perdidos. Nada mais."

C. "O médico pensou. Não conseguiu responder. O homem tinha-o deixado totalmente confuso."

3. Releia:

— Quem quer comprovar a existência?
— A gente precisa.

Observe que, na fala do médico, o verbo *precisar* não está acompanhado explicitamente de seu complemento, que, no entanto, podemos subentender:

— A gente precisa comprovar a existência.

Chamamos de elipse à figura de linguagem na qual suprimimos parte do enunciado pois ele pode ser deduzido pelo contexto.

Nos itens abaixo, todos extraídos de *O homem que queria eliminar a memória*, elimine as elipses, completando os enunciados com os elementos subentendidos.

A. "— Quem impede?"

B. "— Imaginou o mundo?"

C. "— [...] Marco numa agenda, olho ali e pronto."

D. "— Que eu saiba, não."

E. "— [...] Também quero."

Vamos relacionar os textos

Você leu nesta unidade dois contos

Você leu nesta unidade dois contos construídos de formas distintas. Explique as diferenças entre eles em cada um dos itens relacionados a seguir:

A. tipo de discurso empregado: _____
_____
_____

B. temática: _____
_____

C. foco narrativo: _____
_____

D. conto de que mais gostei e por quê: _____
_____

Conexão com História

Preservando a memória coletiva

No texto 2, o médico destacou para o paciente que a memória não é só uma questão individual, mas também coletiva, que se manifesta no registro da história humana.

Há monumentos que recordam fatos heroicos ou grandiosos, mas há também aqueles que eternizam eventos sinistros e sórdidos.

Os primeiros querem lembrar para sempre a nobreza de homens que agiram de modo decisivo em ocasiões cruciais para uma nação.

Quanto aos eventos sinistros e sórdidos, estes são preservados na memória coletiva para que não voltem jamais a acontecer.

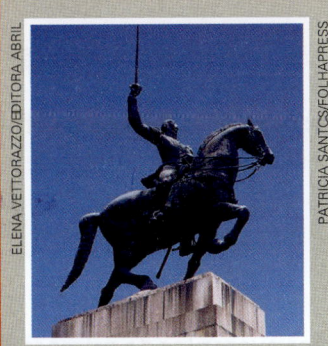

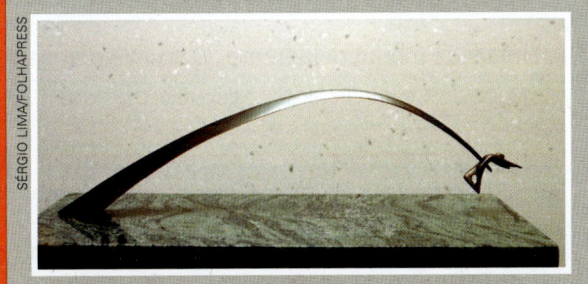

Em sentido horário: monumento a Duque de Caxias, em São Paulo; monumento a Zumbi dos Palmares, no Rio de Janeiro; Memorial do Holocausto, em Berlim; *Tortura nunca mais*, escultura de Oscar Niemeyer.

O CONTO

Vamos pesquisar

Com um colega, pesquise um conto de que vocês gostem e tragam para a classe o livro em que ele se encontra, para que os demais colegas possam conhecê-lo.

Ampliando horizontes

Nesta unidade, você aprendeu que um conto é uma narrativa ficcional curta.

Agora você vai ver que ela pode ser, de fato, muito curta. Trata-se dos chamados microcontos. Um dos mais conhecidos é de autoria do escritor guatemalteco Augusto Monterroso (1921-2003):

Quando acordou, o dinossauro ainda estava lá.
In: FREIRE, Marcelino (Org.). *Os cem menores contos brasileiros do século*. São Paulo: Ateliê Editorial, 2004.

Observe que todos os elementos básicos de um conto estão presentes nessas 37 letras:

- o narrador, que está em terceira pessoa;

- as personagens, quem acordou e o dinossauro;

- o espaço (o advérbio *lá*) e o tempo (a conjunção *quando*);

- o conflito e o enredo: como o espaço para contar a história é mínimo, o texto é todo concentrado na apresentação do conflito, deixando ao leitor a tarefa de deduzir ou imaginar o enredo;

- o caráter ficcional.

Leia, a seguir, outros exemplos de microcontos.

Uma vida inteira pela frente. O tiro veio por trás.
MOSCOVICH, Cíntia. In: FREIRE, Marcelino (Org.), op. cit.

Quando clicou "enviar", o arrependimento já havia chegado.
AVELAR, Idelber. Disponível em: <www.nemonox.com/1000portas>. (Acesso em 16 nov. 2010).

Escondi uma pedra transparente lisa, um pião e um pedaço de madeira num vão do muro do quintal. Fui reaver, só encontrei a poesia.
DUCLÓS, Nei. Disponível em: <www.consciencia.org/neiduclos/o-que-e-microconto>. (Acesso em 16 nov. 2010).

Vendem-se sapatos de bebê, sem uso.
Disponível em: <http://portaldoprofessor.mec.gov.br/fichaTecnicaAula.html?aula=9804>. (Acesso em 16 nov. 2010).

Organizem-se em grupos.

1. Escolham um desses microcontos e tentem "reconstituir" os elementos básicos de um conto, que, no microconto, estão apenas sugeridos ou subentendidos. Anotem essa "reconstituição".

FAIFI/ARQUIVO DA EDITORA

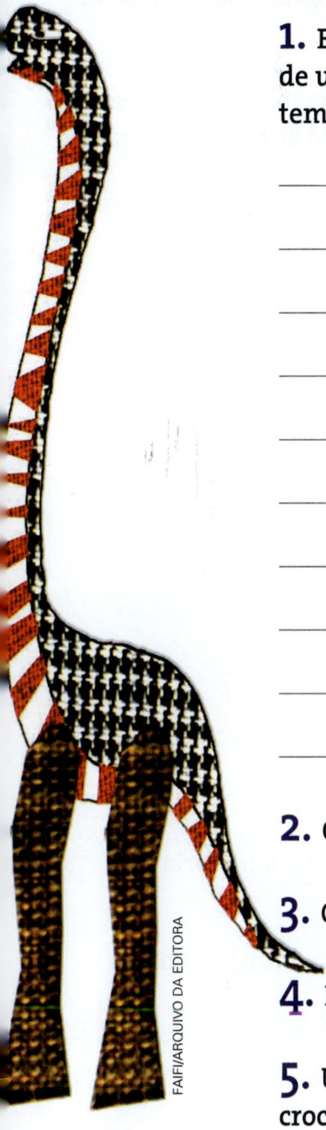

2. Contem aos colegas o que vocês deduziram e anotaram.

3. Ouçam o que os outros grupos produziram.

4. Debatam as diferentes "reconstituições" dos microcontos.

5. Use as linhas abaixo para anotar soluções que outros grupos deram para o microconto que seu grupo escolheu e que você achou interessantes.

Vamos escrever

Agora você vai transformar em conto o microconto no qual você e seu grupo trabalharam na seção **Ampliando horizontes**. Para isso, retome as anotações que você fez com o grupo.

- Decida se vai narrar seu conto em 1ª pessoa (narrador-personagem) ou em 3ª pessoa. Você poderá tanto adotar o mesmo ponto de vista do microconto de base ou alterá-lo.

- Partindo do conflito apresentado pelo microconto, desenvolva o enredo. Procure seguir o esquema: situação inicial – conflito – desfecho.

- Na situação inicial, apresente as personagens e situe-as no tempo e no espaço; detenha-se nessa tarefa, procurando fazer com que seu leitor "enxergue" a cena.

- Desenvolva o conflito, imaginando os detalhes do que está apenas sugerido e esboçado no microconto.

- Caso haja diálogos, procure usar os três tipos de discurso: direto, indireto e indireto livre.

- Crie um desfecho para seu conto e dê um título para ele.

Autoavaliação e reescrita

Releia seu conto, atentando especialmente para os seguintes aspectos:

sim	não	
☐	☐	Situação inicial: o "pano de fundo" onde se desenrola a história – o tempo e o espaço – está "visível" para o leitor?
☐	☐	Você caracterizou com mais detalhes a(s) personagem(ns) do conto?
☐	☐	Os tempos verbais foram usados adequadamente?
☐	☐	Você desenvolveu o enredo, desdobrando o conflito apresentado no microconto que serviu de base para a redação de seu texto?
☐	☐	Você criou um desfecho para sua história?
☐	☐	Você deu um título para seu conto?

Depois de responder às questões propostas no quadro acima, reescreva seu texto, melhorando o que achar necessário. Depois, troque essa sua "segunda versão" do conto com a de um colega que tenha escolhido o mesmo microconto como ponto de partida: um vai ler e comentar a produção do outro. Vocês deverão centrar sua leitura nesta pergunta: o conto manteve-se fiel aos elementos essenciais do microconto que lhe serviu de base e inspiração?

Levando em consideração o que seu colega observar, reescreva o texto fazendo as modificações que achar pertinentes.

Unidade 4
AS FORMAS DO POEMA

- **FOCO:** características dos textos em versos.
- **GÊNEROS:** soneto e poema visual.
- **PRÁTICAS DE LINGUAGEM:** particípio passado e substantivo; aliteração; vogais nasais; presente do subjuntivo /imperativo; voz passiva sintética e analítica; concordância nominal; poemas visuais; signos gráficos.

VAMOS LER 1
Paulo Leminski (1944-1989) nasceu em Curitiba. Artista de muitas e premiadas facetas, foi poeta, músico, romancista, ensaísta, tradutor. Trabalhou com publicidade e também como professor. Era fascinado pela cultura oriental e um exímio faixa-preta de judô.

O TEXTO QUE VOCÊ VAI LER A SEGUIR CONTA UMA HISTÓRIA BASTANTE SINGULAR...

A lua no *cinema*

A lua foi ao cinema,
passava um filme engraçado,
a história de uma estrela
que não tinha namorado.

Não tinha porque era apenas
uma estrela bem pequena,
dessas que, quando apagam,
ninguém vai dizer, que pena!

Era uma estrela sozinha,
ninguém olhava pra ela,
e toda a luz que ela tinha
cabia numa janela.

A lua ficou tão triste
com aquela história de amor,
que até hoje a lua insiste:
— Amanheça, por favor!

LEMINSKI, Paulo. *Distraídos venceremos*. São Paulo: Brasiliense, 1987.

Vamos entender o texto

Provavelmente, bastou você bater os olhos no texto *A lua no cinema* para perceber que se trata de um **poema**. Afinal, diferentemente dos textos em prosa, as palavras não estão organizadas em parágrafos nem as frases ocupam todo o espaço da linha.

Em anos anteriores, você deve ter aprendido que poemas são dispostos em versos, e os versos, em estrofes. Que neles há ritmo, rimas e outros recursos expressivos que os distinguem dos textos em prosa.

Vamos rever alguns conceitos básicos sobre poema.

1. Quantas estrofes tem *A lua no cinema*, e quantos versos tem cada estrofe?

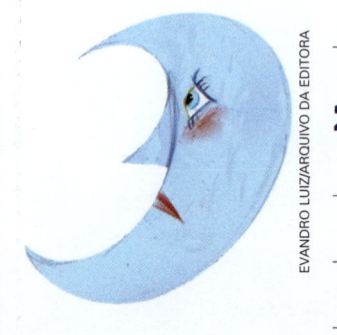

_____

2. Quais são as palavras que rimam nos finais dos versos do poema lido?

_____
_____
_____
_____

3. Leia:

> **SÍLABAS POÉTICAS**
>
> Para saber o número de sílabas poéticas de um verso, não se deve ficar preso às sílabas gramaticais. Observe:
>
> ■ Contam-se as sílabas poéticas até a sílaba tônica da última palavra do verso:
>
> A | lu | a | foi | ao | ci | ne | ma,
> 1 | 2 | 3 | 4 | 5 | 6 | 7
>
> ■ As vogais átonas, em geral, são muitas vezes contadas como uma só sílaba poética, mesmo que pertençam a palavras diferentes:
>
> pa | ssa | va um | fil | me en | gra | ça | do,
> 1 | 2 | 3 | 4 | 5 | 6 | 7
>
> Essa contagem de sílabas de um verso chama-se **escansão**. Quando escandimos um verso, descobrimos qual é sua métrica, isto é, o número de sílabas poéticas que ele tem.

Responda: quantas sílabas tem cada verso de *A lua no cinema*?

_____

4. Você certamente já ouviu a expressão "estrela de cinema" como referência a uma atriz famosa de cinema. Como é a estrela do filme visto pela lua?

5. Releia:

A lua foi ao cinema,
passava um filme engraçado,

Que sentido teria a palavra *engraçado* no poema?

6. O poeta Paulo Leminski expressa em seus poemas seu prazer com o trabalho da linguagem, com os sentidos criados com as palavras. Troque ideias com seus colegas:

A. Em que sentidos a palavra *janela* poderia ser lida no poema?

B. No verso "— Amanheça, por favor!", que outros sentidos é possível atribuir ao verbo *amanhecer*, além de seu sentido próprio?

Conexão com Literatura
Poema e poesia

Muitas vezes usamos essas duas palavras indistintamente. Isso não está errado: em algumas situações mais informais, elas são mesmo sinônimas.

Entretanto, há uma diferença entre elas. Poesia é o sentido, a ideia, a emoção, o prazer estético que se quer transmitir. Poema é o texto em si, concreto. É a poesia "em ação", no texto, por meio de todos os recursos que a palavra possibilita.

Práticas de linguagem

1. Você sabe o que é **metalinguagem**? É a linguagem voltada sobre si mesma, a linguagem falando sobre a linguagem – a mesma ou outra. Por exemplo, um poema cujo tema é a dificuldade de fazer um poema; uma peça de teatro cujo protagonista é um escultor às voltas com sua obra; etc.

Nesta obra, *Ceci n'est pas une pipe* (*Isto não é um cachimbo*), o pintor René Magritte (1898-1967) apresenta uma discussão sobre a obra de arte: por mais realista que seja a representação de um objeto, ela jamais será o objeto, mas uma imagem dele.

Levando em conta as informações dadas, você diria que há metalinguagem no poema *A lua no cinema*? Explique.

_____
_____
_____

2. Releia:

A lua foi ao cinema,
passava um filme engraçado,
a história de uma estrela
que não **tinha namorado**.

Note que é possível interpretar de duas maneiras as palavras destacadas:

■ como o **pretérito imperfeito** do verbo *ter* seguido do substantivo *namorado*, objeto direto da oração;

■ como o **pretérito mais-que-perfeito** do verbo *namorar*, composto pelo auxiliar *ter* no pretérito imperfeito e do particípio passado *namorado*, equivalente a *namorara*.

A. Substitua a palavra *namorado* por outro substantivo, mantendo assim a mesma estrutura da oração da primeira interpretação.

_____

B. Substitua a palavra *namorado* por outro particípio passado, mantendo assim a mesma estrutura da oração da segunda interpretação.

_____

3. Nos itens a seguir:

- assinale 1 para os casos em que o termo destacado é um substantivo;
- assinale 2 para os casos em que o termo destacado é um particípio passado;
- assinale 3 para os casos em que, como no poema *A lua no cinema*, o termo destacado pode ser tanto um substantivo como um particípio passado.

A. ☐ O trator tinha **arado** mais da metade do terreno antes do meio-dia.

B. ☐ No almoço, tinha **assado** de peru como prato principal.

C. ☐ O peru não tinha **assado** direito e chegou meio cru à mesa.

D. ☐ Ela tinha **passado** maus bocados antes de conseguir aquele emprego.

E. ☐ Naquele celeiro guardava-se de tudo: tinha **arado**, pneus velhos, latas de tinta e até uma penteadeira.

F. ☐ Cinderela, finalmente, tinha **calçado**: podia ir embora com seu príncipe sobre saltos de cristal.

Vamos conversar

Troque ideias com seus colegas a respeito das questões propostas a seguir.

1. O poema *A lua no cinema* pode agradar ao público infantil?

2. O poema *A lua no cinema* pode agradar apenas ao público infantil?

3. Depois de fazer as atividades relativas ao poema, você diria que todas as suas nuances de sentido seriam captadas por uma criança?

Vamos escrever

A proposta agora é escrever mais uma estrofe para o poema *A lua no cinema*.

- Imagine uma continuação para a pequena história. Pode ser, por exemplo, um encontro entre a lua e a estrela, ou uma cena do filme em que a estrela percebe que a lua prestou atenção nela e fica feliz com isso...
- Siga a métrica das outras estrofes: quatro versos de sete sílabas poéticas cada um.
- Procure usar rimas.

Depois de redigir sua estrofe, troque-a com um colega. Comentem as produções um do outro, retomem o trabalho individual e reescrevam-no se necessário. Em seguida, o professor escolhe os alunos que vão ler para a turma a estrofe que criaram.

VAMOS LER 2

Vinicius de Moraes nasceu no Rio de Janeiro, em 1913. Poeta, desenvolveu sua carreira também como letrista e compositor musical. Foi parceiro de Tom Jobim, Baden Powell e Adoniran Barbosa, em canções que marcaram a história da música brasileira. Escreveu e compôs também para crianças. Faleceu em 1980.

O POEMA A SEGUIR, EMBORA NÃO TENHA SIDO CRIADO COMO LETRA DE CANÇÃO, FOI MUSICADO MAIS TARDE, COMO OUTROS POEMAS DO AUTOR.

Soneto de *separação*

De repente do riso fez-se o pranto
Silencioso e branco como a bruma
E das bocas unidas fez-se a espuma
E das mãos espalmadas fez-se o espanto.

De repente da calma fez-se o vento
Que dos olhos desfez a última chama
E da paixão fez-se o pressentimento
E do momento imóvel fez-se o drama.

De repente, não mais que de repente
Fez-se de triste o que se fez amante
E de sozinho o que se fez contente.

Fez-se do amigo próximo o distante
Fez-se da vida uma aventura errante
De repente, não mais que de repente.

MORAES, Vinicius de. *Receita de poesia*. São Paulo: Companhia das Letras, 2003. p. 27.

Vamos entender o texto

1. Leia:

> **SONETO**
>
> É uma composição poética de forma fixa:
>
> ■ apresenta dois quartetos (estrofes de quatro versos) e dois tercetos (estrofes de três versos);
>
> ■ o número de sílabas poéticas é o mesmo em todos os versos: em geral, dez ou doze. Os versos de dez sílabas são chamados decassílabos; os de doze, dodecassílabos.

O poema *Soneto de separação* é de fato um soneto? Justifique: observe a organização das estrofes e verifique o número de sílabas poéticas.

_____
_____
_____

2. Assinale o que cabe afirmar em relação ao poema *Soneto de separação*:

A. ☐ O poema trata dos sentimentos de amor e de amizade.

B. ☐ O poema trata do amor em geral.

C. ☐ O poema fala do fim do amor entre enamorados.

D. ☐ O eu lírico fala da lenta transformação da paixão em amizade.

AS FORMAS DO POEMA

3. Relacione nas duas colunas as palavras ou expressões que se opõem nos dois primeiros quartetos do poema. Damos as primeiras. Complete com as demais:

A	B
riso	pranto
bocas unidas	
mãos espalmadas	

4. No poema, ocorre, "de repente", uma transformação de uma situação em outra. A que situação correspondem as palavras ou expressões relacionadas em cada coluna? O que havia e o que ocorreu?

_____

_____

_____

Práticas de linguagem

1. Aliteração é a repetição, num texto, de uma ou mais consoantes para criar uma impressão sonora no leitor relacionada ao sentido do texto. Em *Soneto de separação* percebe-se a repetição das consoantes **t**, **d**, **p**, **b** e dos encontros consonantais **br**, **pr**, **dr**. Na pronúncia dessas consoantes, ocorre na boca uma interrupção momentânea da corrente de ar expirado antes de ele ser expulso. Experimente pronunciá-las.

Considerando essas informações, relacione a aliteração em *Soneto de separação* com o modo como nele se dão os acontecimentos.

_____

_____

_____

2. Vogais nasais são aquelas que soam como /ã/, /ẽ/, /ĩ/, /õ/, /ũ/. Os sons nasais têm sonoridade mais longa do que os orais porque ressoam na cavidade nasal. Por isso provocam no texto um efeito de lamento, aumentando sua carga emocional.

Identifique em *Soneto de separação* as palavras com som nasal. Depois, com a orientação do professor, alguns alunos leem em voz alta o poema para a classe notar o efeito expressivo desse recurso sonoro.

___

Vamos escrever

O texto que você produzirá agora deve ser um soneto. Para ajudá-lo nessa difícil tarefa – obedecer às regras dessa clássica forma poética é um grande desafio mesmo para poetas consagrados –, sugerimos que você "brinque" sobre o soneto analisado nesta unidade.

- Escolha uma das estrofes do *Soneto de separação* e procure outras aliterações capazes de substituir as que lá estão presentes. Se quiser, use de humor em sua produção e mude totalmente de assunto: mas não perca o ritmo! Veja esta brincadeira como exemplo:

> De repente o prato fez-se em cacos
> Espatifado e sujo como trapos
> E da louça de luxo fez-se o mixo
> E a comida, oh!, foi parar no lixo...

- Se, no entanto, você preferir fazer de fato um soneto inteiro "a sério", não se acanhe: arregace as mangas e bom trabalho!

- Se quiser, leia sua estrofe ou seu soneto inteiro para seus colegas e ouça os textos que eles produziram.

AS FORMAS DO POEMA

VAMOS LER 3

Lewis Carroll (1832-1898) era o pseudônimo do matemático britânico Charles L. Dodgson. Tornou-se mundialmente conhecido como escritor sobretudo por suas duas obras protagonizadas por uma menina sonhadora e esperta: *Alice no país das maravilhas* e *Alice através do espelho*.

O POEMA QUE VAMOS LER NÃO ADOTA A FORMA FIXA, COMO OS SONETOS, MAS TEM NA SUA FORMA PARTICULAR UMA PARTE DO SENTIDO.

Poema-cauda

Disse o gato
pro rato:
Façamos um
trato. Perante o
tribunal
eu te denunciarei. Que
a justiça
se faça.
Vem, deixa
de negaça,
é preciso,
afinal,
que cumpramos
a lei.
Disse o
rato pro
gato:
— Um
julgamento
tal, sem
juiz nem
jurado,
seria um
disparate
— O juiz
e o jurado serei eu,
disse
o gato. E
tu,
rato,
réu
nato,
eu condeno
a
meu
prato.

CARROLL, Lewis. Poema-cauda. Trad. Augusto de Campos. In: CAMPOS, Augusto de. *O anticrítico*. São Paulo: Companhia das Letras, 1986.

Vamos entender o texto

1. Deduza, pelo contexto, qual(is) o(s) significado(s) da palavra **negaça** no poema:

- A. ☐ Bobagem.
- B. ☐ Recusa.
- C. ☐ Provocação.
- D. ☐ Briga.
- E. ☐ Discussão.

2. Faça o mesmo em relação à palavra **disparate**.

- A. ☐ Calúnia.
- B. ☐ Condenação.
- C. ☐ Azar.
- D. ☐ Perigo.
- E. ☐ Despropósito.

3. Assinale a(s) alternativa(s) que considerar **incorreta(s)** em relação ao *Poema-cauda*:

- A. ☐ O poema é narrativo.
- B. ☐ O poema brinca com as relações de poder entre fracos e fortes.
- C. ☐ No poema, a perseguição do gato ao rato é expressa também graficamente.
- D. ☐ As letras vão ficando gradativamente menores para expressar que o gato vai ficando cada vez mais fraco.
- E. ☐ A cauda mencionada no título pode ser "vista" nesta versão.
- F. ☐ A disposição dos versos no poema lembra um caminho de rato.

Práticas de linguagem

1. Releia:

Que a justiça se **faça**.
Vem, deixa de negaça,
é preciso, afinal,
que **cumpramos** a lei.

A. Em que tempo e modo verbais estão os termos destacados?

B. Esse tempo e modo verbais são os mesmos de "**Façamos** um trato"?

AS FORMAS DO POEMA

2. Observe:

Que a justiça **se faça**. → voz passiva sintética

Que a justiça **seja feita**. → voz passiva analítica

Que **façamos** a justiça. → voz ativa

A forma verbal destacada abaixo está na voz ativa. Passe-a para a voz passiva: primeiro para a analítica e, depois, para a sintética:

é preciso, afinal,
que **cumpramos** a lei.

_____
_____

3. Mude a voz das formas verbais destacadas nas frases seguintes de acordo com o que se pede entre parênteses:

A. Esperamos que o poder público **fiscalize** o uso de agrotóxicos. (voz passiva analítica)

_____
_____

B. Aquele terreno há tantos anos abandonado **foi** finalmente **comprado** pelo vizinho da frente. (voz ativa)

_____
_____

C. A sentença do jurado Gato **foi proferida** pelo juiz Gato. (voz ativa)

_____
_____

D. Do riso **foi feito** o pranto. (voz passiva sintética)

_____
_____

E. Helena, aliviada, **abraçava** o gatinho fujão. (voz passiva analítica)

_____
_____

4. Leia o quadro para relembrar alguns casos de concordância nominal:

CONCORDÂNCIA NOMINAL

MESMO / MESMA

O gato disse: eu **mesmo** serei o juiz.

A leoa disse: eu **mesma** serei a juíza.

Mesmo só não deve variar quando significa "de fato", "realmente".

A ratinha percebeu que não estava **mesmo** entendendo nada.

ANEXO / INCLUSO

Como adjetivos, *anexo* e *incluso* concordam com o substantivo em gênero e número:

Anexa ao pacote, segue uma carta.

Seguem **anexos** os avisos aos funcionários.

Envio-lhe **incluso** um documento muito importante.

Vão **inclusas** duas canetas e duas lapiseiras.

MEIO / MEIA

Observe:

Ela anda **meio** desconfiada.

Elas andam **meio** desconfiadas.

Meio, neste caso, significa "um pouco". É advérbio e, portanto, não varia. Compare:

Comi **meia** laranja no almoço. (meia = metade)

Nesta receita vai **meio** quilo de farinha de trigo. (meio = metade)

Nestes casos *meio* e *meia* são numerais e concordam com o substantivo que modificam.

OBRIGADO / OBRIGADA

Ao agradecer, a mulher diz: "**Obrigada**".

O homem diz: "**Obrigado**".

JUNTO / JUNTA / JUNTOS / JUNTAS

Elas vêm **juntas**. (juntas = unidas, próximas) ⟶ *adjetivo*

As figurinhas vêm **junto** com o brinquedo.

(junto = juntamente, ao lado) ⟶ *advérbio*

SÓ / SÓS

Eu fiquei **só**. (= sozinho / sozinha)

As pessoas ficaram **sós**. (= sozinhas)

QUITE / QUITES

Você está **quite** com o fisco?

Nós estamos **quites** com o imposto de renda.

5. Reescreva as frases em que houver inadequação, fazendo a concordância adequada:

A. Nesta escola há _____ meninas que meninos. (menos / menas)

B. Joana andava _____ tristonha ultimamente. (meio / meia)

C. Seguem _____ as duas vias do documento. (anexo / anexas)

D. Eles _____ pintaram a classe. (mesmo / mesmos)

E. Os líderes não sabiam do caso _____. (mesmo / mesmos)

F. Cíntia e Angélica vieram _____. (só / sós)

G. Os pedreiros chegaram _____ comigo. (junto / juntos)

H. Eu viajei _____ vezes que você. (menas / menos)

I. Era ela _____ que limpava o jardim. (mesmo / mesma)

J. Eu estou _____ com o banco. E vocês? Também estão _____? (quite / quites)

K. Segue _____ a documentação solicitada por vocês. (anexo / anexa)

L. Nara anda _____ transtornada ultimamente. (meio / meia)

Conexão com Literatura
Concretismo

Na década de 1950, iniciou-se um movimento artístico no Brasil que revolucionou a pintura, as artes gráficas e, em particular, a poesia. A linguagem visual do poema — a forma das palavras, sua disposição na página — passou a prevalecer em relação à linguagem verbal. Eliminou-se a rima, a métrica, e até mesmo o eu lírico deveria ser "apagado".

O poema aproximou-se das artes plásticas, tornando-se um objeto a ser apreciado.

Esse movimento chamou-se Concretismo, e a poesia produzida nesse período foi chamada de poesia concreta.

Veja um exemplo de poema concreto:

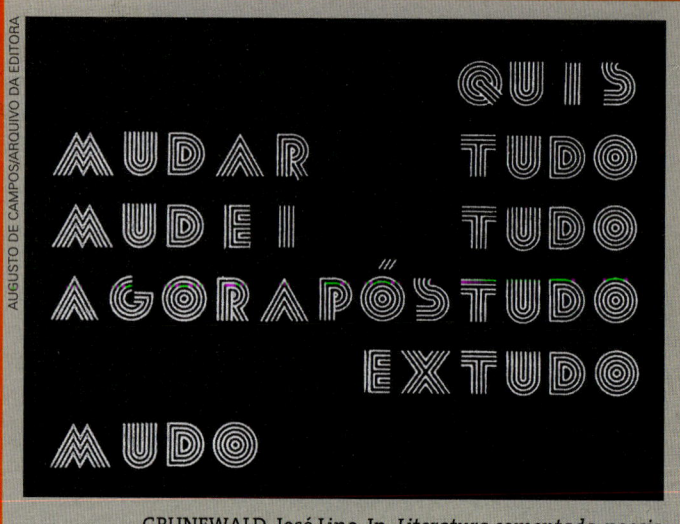

MUDAR QUIS
MUDEI TUDO
AGORAPÖSTUDO TUDO
EXTUDO
MUDO

GRUNEWALD, José Lino. In: *Literatura comentada*: poesia concreta. São Paulo: Abril Educação, 1982. s.p.

6. Relacione a forma dos poemas e as palavras com que foram construídos.

A.

```
        vem   navio
        vai   navio
        vir   navio
        ver   navio
            ver   não   ver
            vir   não   vir
            vir   não   ver
        ver   não   vir
            ver   navios
```

CAMPOS, Haroldo de. *Xadrez de estrelas*. São Paulo: Perspectiva, 2008.

B.

```
                    p
                  p l
                  p l u
                  p l u v
                  p l u v i
                  p l u v i a
                f l u v i a l
              f l u v i a l
            f l u v i a l
          f l u v i a l
        f l u v i a l
      f l u v i a l
```

CAMPOS, Augusto de. *Viva vaia*. 3. ed. revista. São Paulo: Ateliê Editorial, 2001.

C.

    mar azul
    mar azul   marco azul
    mar azul   marco azul   barco azul
    mar azul   marco azul   barco azul   arco azul
    mar azul   marco azul   barco azul   arco azul   ar azul

GULLAR, Ferreira. *Toda poesia – Projeto 70 Anos*. Rio de Janeiro: José Olympio, 2004.

D.

rio: o ir

ANTUNES, Arnaldo. *2 ou + corpos no mesmo espaço*. São Paulo: Perspectiva, 1997.

Conexão com Artes gráficas
O signo gráfico

A exploração da forma das palavras como signos gráficos é comum na publicidade, na criação de logomarcas, na concepção de embalagens. Tipos de letras, alinhamentos diversos, cores, etc. são elementos que podem ser usados com infinitas possibilidades para criar os mais variados efeitos de sentido.

Observe, a título de exemplo, a logomarca criada pelo *designer* gráfico Alexandre Wollner, nos anos de 1970, para a marca Luminar, de fósforos, da empresa Fiatlux.

Neste outro exemplo, a obra de um dos mais importantes artistas gráficos brasileiros, Tide Hellmeister. Mestre da colagem, associou em muitas de suas obras o trabalho gráfico com a pintura.

7. Explique o emprego nos quadrinhos das diversas formas da palavra "QUAC".

GONSALES, Fernando. Níquel Náusea. *Folha de S.Paulo*, 28 maio 2011, p. E17.

Ortografia: orientações de escrita

Observe com atenção a grafia das expressões destacadas.

De repente, não se ouviu mais nenhum ruído...

A professora ainda não terminou a correção. **Por isso** não sabemos as notas.

A gente precisa se ver.

Sentei-me **em frente** do palco.

Em cima, o céu azul sem nuvens. **Embaixo**, o mar verde-esmeralda, tão calmo...

O número de espectadores foi bem **acima** do esperado.

Forme duas frases diferentes com cada uma das expressões.

A. de repente

B. por isso

C. a gente

D. em frente

E. em cima

F. embaixo

G. acima

Vamos escrever

Leia o seguinte texto:

O ser do só

SÓ	UM	SER
UM	SER	SÓ
SER	UM	SÓ
SÓ	SER	UM

NEGRINHO, Maria Aparecida. O ser do só. *Voo inicial*. São Paulo: Editora do Escritor, 1978.

Note que é possível lê-lo em todas as direções, sem que a ideia se perca: a solidão do ser. Isso com apenas três palavras, dispostas graficamente num quadrado.

Agora é a sua vez. Inspire-se em *O ser do só* e, usando poucas palavras, escreva um poema que possa ser lido em várias direções e que esteja disposto de forma graficamente interessante. Seu poema deverá ser exposto num painel a ser montado na escola.

Autoavaliação e reescrita

Agora você vai avaliar seu poema. Para isso, trabalhe com um colega: um vai comentar a produção do outro, com base no quadro proposto abaixo.

sim	não	
☐	☐	É possível saber o tema do poema?
☐	☐	No poema, a disposição das palavras, o tamanho das letras, as cores e/ou outros recursos visuais contribuíram para transmitir essa ideia?
☐	☐	A forma do poema acrescenta significado a ele?
☐	☐	Pode-se identificar o eu lírico?

Depois de responder às questões a respeito do trabalho de seu colega, passe-lhe as respostas e pegue as que ele escreveu sobre sua produção. Cada um de vocês vai usar as anotações do outro para decidir se reescreve ou não seu texto.

A classe vai montar um painel de poemas visuais com os textos finalizados.

Unidade 5

PUBLICIDADE

- **FOCO:** recursos específicos das peças publicitárias.
- **GÊNERO:** anúncio publicitário.
- **PRÁTICAS DE LINGUAGEM:** linguagem informal; duplo sentido; logotipo ou logomarca; frase-título; derivação.

VAMOS LER 1

Nos tempos atuais, vivemos sempre cercados de mensagens publicitárias: na TV, no cinema, na internet, nos jornais e revistas impressos...

Essa presença constante faz com que esqueçamos que, afinal, as peças publicitárias querem nos convencer de alguma coisa, nos atrair, nos conquistar...

A gente está investindo num combustível que leva você muito longe.

Petrobras. Com você na XII Bienal Internacional do Livro do Rio de Janeiro.

A Petrobras sabe que a leitura é uma das principais fontes de energia para o desenvolvimento social do País. Por isso, patrocina livros e edições especiais de artistas e projetos culturais em todo o Brasil. Na Bienal do Livro, a Petrobras está levando tudo isso para perto de você. É uma forma de divulgar não só a literatura, mas a diversidade cultural do País inteiro.

O MELHOR DO BRASIL É O BRASILEIRO — BR PETROBRAS — O DESAFIO É A NOSSA ENERGIA — Ministério de Minas e Energia — BRASIL UM PAÍS DE TODOS GOVERNO FEDERAL

Revista *O Globo*, Rio de Janeiro, 15 maio 2005.

Vamos entender o texto

Antes de iniciar as atividades desta seção, leia o texto a seguir.

Anúncio publicitário

Publicidade é a arte de fazer propaganda através de anúncios, com fins comerciais ou políticos, exercendo uma "ação psicológica sobre o público" (Aurélio Buarque de Holanda).

As propagandas dos anunciantes, além de leitores, espectadores, ouvintes, sustentam economicamente jornais, revistas, *sites*, TVs, rádios, constituindo parte das informações veiculadas por esses suportes.

No anúncio publicitário, a forma, o conteúdo, bem como as características da informação e o modo de persuasão são definidos de acordo com os objetivos a serem alcançados, o público visado e o suporte em que será veiculado: internet, televisão, rádio, jornal, revista, folheto, painel, etc.

A escolha do suporte ou veículo para o anúncio se faz sempre em função do segmento de público que se pretende atingir.

A propaganda visa tornar simpático um produto ou marca, quebrar resistências do consumidor e predispô-lo favoravelmente a esse produto ou a essa marca. Para tanto, promove ou reproduz certos valores sociais, certos padrões de comportamento, determinado estilo de vida e chega a criar necessidades artificiais ou inexistentes.

Mas também se coloca a serviço de bens não comerciais ou de interesse coletivo, como no caso das campanhas de saúde, de educação, de difusão cultural e outras.

O anúncio publicitário pode ter diferentes formatos de acordo com objetivos, suporte, etc. Na imprensa escrita, apresenta, de modo geral, os seguintes elementos:

FRASE-TÍTULO	*SLOGAN*	IMAGENS	TEXTO PROPRIAMENTE DITO	LOGOTIPO OU LOGOMARCA
geralmente no alto/início do anúncio, deve ser criativa e chamar a atenção do leitor	frase ou expressão que procura destacar uma qualidade do que é anunciado	ilustrações, fotos ou gráficos relacionados ao texto da propaganda	apresenta argumentos para convencer o público-alvo e informações para contato	símbolo que representa graficamente, em geral por uma letra ou grupo de letras em desenho estilizado, um produto, marca ou instituição, para identificá-lo(a)

1. Nessa peça publicitária, não há um produto sendo vendido, pois se trata de uma campanha institucional. O que é anunciado?

2. A quem se destina essa peça publicitária?

3. Por que a revista *O Globo* teria sido escolhida como veículo desse anúncio?

PUBLICIDADE

4. Vamos refletir sobre a relação entre o texto e a imagem principal do anúncio.

Releia a frase-título do anúncio:

A gente está investindo num combustível que leva você muito longe.

Descreva a imagem principal do anúncio. Antes, observe esta foto:

Marcador de combustível de um automóvel Volkswagen (modelo fabricado em 1963).

_____
_____
_____
_____
_____

5. No texto que está no pé da página, lê-se esta frase: "A Petrobras sabe que a leitura é uma das principais fontes de energia para o desenvolvimento social do País".

A. Qual expressão dessa frase tem relação com a palavra *combustível*, que aparece na frase-título?

_____

B. Que imagens correspondem a essa expressão?

_____

6. Vamos reunir no quadro abaixo tudo o que vimos nos itens anteriores. Preencha-o com os itens indicados.

Produtos fabricados pelo anunciante	
Produtos oferecidos na XII Bienal do Livro do Rio de Janeiro	
Finalidade dos produtos do anunciante	
Finalidade dos produtos da XII Bienal do Livro do Rio de Janeiro	
Elemento da imagem principal que representa o anunciante	
Elemento da imagem principal que representa a XII Bienal do Livro do Rio de Janeiro	

7. Esse gênero de anúncio é feito para vender não diretamente o produto produzido pela empresa anunciante, mas a imagem da marca. Como isso aparece no texto?

8. Qual é o *slogan* da empresa anunciante?

PUBLICIDADE

Práticas de linguagem

1. No texto da parte inferior do anúncio que analisamos, o anunciante se apresenta com seu nome. Na frase-título isso não acontece. O sujeito da frase-título é *"A gente"*. Assinale as alternativas que considerar pertinentes em relação ao emprego desse sujeito.

A. ☐ Trata-se de uma forma descontraída empregada para provocar o leitor sério da revista.

B. ☐ Essa expressão da linguagem informal, que equivale a **nós**, foi empregada para, de pronto, incluir o leitor na ação anunciada.

C. ☐ A informalidade da linguagem é um recurso para aproximar do destinatário a mensagem anunciada.

2. Vamos trabalhar com alguns *slogans*. Primeiramente, tente descobrir que tipo de produto cada *slogan* visa promover.

A. "A TV que faz bem."

_____
_____

B. "Colheres, cheguei!"

_____
_____

C. "Não é lenda urbana. É o melhor 4 × 4 da realidade."

_____
_____

3. Qual é o jogo de sentido empregado em cada um dos *slogans*?

A. "A TV que faz bem."

_____
_____
_____
_____

B. "Colheres, cheguei!"

_____
_____
_____
_____

C. "Não é lenda urbana. É o melhor 4 × 4 da realidade."

_____
_____
_____
_____

4. Na unidade anterior, vimos algumas características da poesia visual, que se vale de recursos próprios das artes plásticas, como o jogo com formas e tipologias de letras.

Os logotipos ou logomarcas de grandes empresas são criados por importantes *designers* gráficos e requerem estudo e pesquisa aprofundados. Observe o logotipo da empresa anunciante na peça publicitária que analisamos:

PETROBRAS/ARQUIVO DA EDITORA

Além do verde e amarelo, que remete à brasilidade, notamos o uso do itálico (letras inclinadas à direita) no nome, que, em se tratando de marca de uma empresa de óleos combustíveis, pode sugerir movimento, velocidade.

Observe os logotipos a seguir. O que poderiam sugerir os elementos neles usados?

TAM/ARQUIVO DA EDITORA

A. De empresa aérea:
_____
_____
_____
_____

BANCO DO BRASIL/ARQUIVO DA EDITORA

B. Do Banco do Brasil:
_____
_____
_____

PIRELLI/ARQUIVO DA EDITORA

C. De uma empresa de pneus:
_____
_____
_____

OSESP/ARQUIVO DA EDITORA

D. Da Orquestra Sinfônica do Estado de São Paulo (Osesp):
_____
_____
_____
_____

IBAMA/ARQUIVO DA EDITORA

E. Do Instituto Brasileiro do Meio Ambiente e dos Recursos Naturais Renováveis (Ibama):
_____
_____
_____
_____

CAFÉ DO PONTO/ARQUIVO DA EDITORA

F. De marca de café:
_____
_____
_____
_____

5. Crie frases-título para cada um dos "produtos" anunciados a seguir.

A.

Biodarwin

Trabalhamos com vários tamanhos
Velociraptor Toy

Encomende um Velociraptor e ganhe um pacotão de ração!

Biodarwin é um sistema de clonagem patenteado. A partir de um exclusivo banco de DNA, construído após décadas de pesquisa, Biodarwin é capaz de clonar qualquer animal já extinto e transformá-lo num meigo bichinho de estimação.

www.biodarwin.com.br

Vou pedir de aniversário!

_____
_____
_____
_____

B.

COURAÇA ECOLÓGICA

Fundação Mata Virgem

Pulverizada sobre as grandes coberturas florestais, Couraça Ecológica reveste o tronco das árvores com uma película protetora que o torna impenetrável por motosserras.

_____
_____
_____
_____

PUBLICIDADE

c.

OCTOPUS

Seu carro à prova de ladrões. **Octopus** é um sofisticado dispositivo desenvolvido a partir do sistema tentacular dos polvos. Mais de 5000 ladrões capturados antes de encostarem as mãos no veículo.

100% SEGURO!

_____
_____
_____
_____

Conexão com História
As primeiras agências publicitárias no Brasil

No século XIX, como a economia brasileira ainda era baseada na agricultura, os anúncios eram somente classificados em jornais, informando datas de leilões, vendas de escravos e outras "propriedades", e ofertas de serviços de artesãos.

As primeiras agências de publicidade surgiram no início do século XX, a partir de 1914. Houve uma pioneira, que evoluiu de agência de anúncios classificados para agência de publicidade: a Eclética, em São Paulo. Naquela época as principais propagandas nas revistas semanais eram sobre remédios e tônicos.

Após a Primeira Guerra Mundial, seguindo o desenvolvimento industrial do país, agências norte-americanas abrem filiais no Brasil, impulsionando várias áreas técnicas ligadas ao setor, como fotografia, criação, produção, artes gráficas e pesquisa de mercado, para mapear os gostos e hábitos do consumidor.

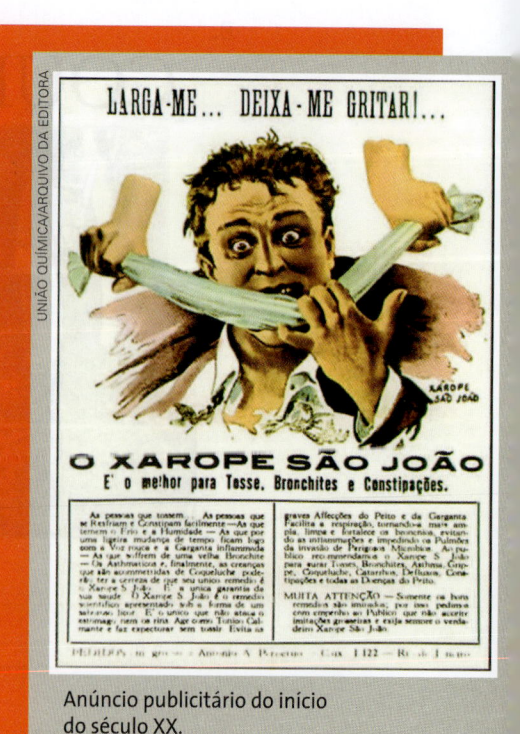

Anúncio publicitário do início do século XX.

Vamos conversar

Considere o anúncio publicitário publicado neste livro didático que você tem nas mãos. Na sua opinião, essa mudança de suporte altera o modo como nós, leitores, o lemos? Troque ideias a respeito disso com seus colegas de turma, sob a orientação do professor.

Vamos escrever

Agora você vai criar, junto com um colega, uma peça publicitária de um produto. Sigam os passos relacionados.

- O suporte de seu anúncio será uma revista de circulação nacional dedicada a jovens de sua idade.

- Decidam qual será esse produto, escolhendo entre os elencados abaixo.

| máquina de fazer chiclete | *mouse* perfumado | colchão de pregos |

| dicionário português-javanês | bola de futebol descartável |

- Vocês deverão convencer seu leitor a consumir seu produto, mostrando sua "indispensabilidade".

- Lembrem-se de que a concisão é a alma da publicidade: quanto menos palavras usar para transmitir a mensagem, melhor. Por isso, recorram a metáforas, antíteses, duplos sentidos e outros recursos expressivos da língua.

- Criem uma frase-título e um *slogan* para o anúncio, além de um logotipo para o produto. Não se esqueçam de jogar com o tamanho, cores e disposição das letras.

- Cuidem da parte visual da peça publicitária. Vocês poderão desenhar, usar fotos, fazer colagens, etc.

- Releiam seu trabalho quantas vezes forem necessárias antes de torná-lo público.

- No fim, compartilhem os anúncios com os colegas de turma.

- Usem as linhas abaixo para anotar as ideias que forem surgindo.

Ampliando horizontes

O papel da publicidade em nossa vida é tema de reflexão de muita gente. Carlos Drummond de Andrade também escreveu sobre isso. Leia seu poema.

Eu, etiqueta

Em minha calça está grudado um nome
que não é meu de batismo ou de cartório,
um nome... estranho.
Meu blusão traz lembrete de bebida
que jamais pus na boca, nesta vida.
Em minha camiseta, a marca de cigarro
que não fumo, até hoje não fumei.
Minhas meias falam de produto
que nunca experimentei
mas são comunicados a meus pés.
Meu tênis é proclama colorido
de alguma coisa não provada
por este provador de longa idade.
Meu lenço, meu relógio, meu chaveiro,
minha gravata e cinto e escova e pente,
meu copo, minha xícara,
minha toalha de banho e sabonete,
meu isso, meu aquilo,
desde a cabeça ao bico dos sapatos,
são mensagens,
letras falantes,
gritos visuais,
ordens de uso, abuso, reincidência,
costume, hábito, premência,
indispensabilidade,
e fazem de mim homem-anúncio itinerante,
escravo da matéria anunciada.
Estou, estou na moda.
É doce estar na moda, ainda que a moda
seja negar minha identidade,
trocá-la por mil, açambarcando
todas as marcas registradas,
todos os logotipos do mercado.
Com que inocência demito-me de ser
eu que antes era e me sabia
tão diverso de outros, tão mim-mesmo,
ser pensante, sentinte e solidário
com outros seres diversos e conscientes
de sua humana, invencível condição.
Agora sou anúncio,
ora vulgar ora bizarro,
em língua nacional ou em qualquer língua
(qualquer, principalmente).
E nisto me comprazo, tiro glória
de minha anulação.
Não sou — vê lá — anúncio contratado.
Eu é que mimosamente pago
para anunciar, para vender
em bares festas praias pérgulas piscinas,
e bem à vista exibo esta etiqueta
global no corpo que desiste
de ser veste e sandália de uma essência
tão viva, independente,
que moda ou suborno algum a comprometa.

ANDRADE, Carlos Drummond de. In: *Poesia e prosa*. Rio de Janeiro: Nova Aguilar, 1992. p. 1018-9.

açambarcar: apoderar-se de.

pérgula: varanda, galeria.

Vamos conversar

Converse com seus colegas de turma a respeito das questões propostas a seguir.

1. Que retrato do consumidor o poeta Carlos Drummond de Andrade traça nesse poema?

2. Na opinião do grupo, as pessoas, de modo geral, são muito influenciadas pela propaganda? Expliquem.

3. Que grupos de pessoas, que vocês conhecem, gostam de exibir marcas de produtos? Na opinião de vocês, que significado tem isso para essas pessoas?

4. Agora, cada um responde: você se considera uma pessoa que se deixa influenciar pela propaganda? Em que medida?

VAMOS LER 2
Karpot é o pseudônimo literário do engenheiro carioca autor de *Lua maravilhosa*, que, entre outras atividades além da literatura, dedica-se à música e ao judô.

Lua maravilhosa

QUE TAL PASSAR UNS DIAS EM NOSSO SATÉLITE NATURAL, A LUA? ESSA É A SUGESTÃO DO TEXTO A SEGUIR.

PACOTE DE 5 DIAS

Aproveite agora a temporada de baixa estação. Sensacional excursão **Lua cheia em 5 dias** por apenas US$ 20 mil (parte lunar). Saídas garantidas todos os sábados de lua cheia.

PUBLICIDADE

Banho de lua: canção de origem italiana cuja versão em português se popularizou na voz de Celly Campello.

in loco: expressão latina que significa "no próprio local".

PROGRAMAÇÃO:

- Coquetel de boas-vindas e decolagem ao som de *Banho de lua*.
- Espetacular viagem aeroespacial – veja satélites americanos e russos, restos de foguetes... Possibilidade de você mesmo flutuar no espaço.
- Inesquecível alunissagem.
- Visita a crateras e à bandeira dos EUA, coleta de amostras lunares.
- Dia livre – curta a lua cheia *in loco*.
- Grande duelo: São Jorge × Dragão (jantar com *show*).
- Excursão à outra face da Lua em confortáveis módulos lunares com meia-pensão.

Venha viver DIAS MARAVILHOSOS com gravidade **1/6 da Terra!**

- Traje: astronauta esportivo.
- Traslados incluídos.
- Parte aeroespacial a combinar.
- Guias humanos.

Temos também PROMOÇÕES ESPECIAIS com roteiros combinados:

- Lua minguante e Paraguai, com cassino e compras.
- Anéis de Saturno e Bariloche – para recém-casados.
- Mistérios de Marte e dos Incas – com meia-pensão.
- Nossa Galáxia e cruzeiro pelas ilhas gregas.
- Três constelações e Foz do Iguaçu.
- Os oito planetas e as Sete Maravilhas do mundo.
- E, para crianças, Planetário da Gávea e Disney.

PINHEIRO, Luiz Otávio D. [Karpot]. Adaptado de: <http://recantodasletras.com.br/humor/2647278>. (Acesso em 13 maio 2011).

Vamos entender o texto

1. O texto *Lua maravilhosa*, embora seja ficcional, tem elementos do gênero anúncio publicitário. O que ele anuncia?

_____
_____
_____

2. Na programação de roteiros combinados, o autor faz associações diversas em cada passeio, para criar efeitos de humor ou de ironia. Que elementos estariam associados nos seguintes passeios?

A. "Anéis de Saturno e Bariloche – para recém-casados."

_____
_____

B. "Nossa Galáxia e cruzeiro pelas ilhas gregas."

_____
_____

C. "Os oito planetas e as Sete Maravilhas do mundo."

_____
_____

3. No texto lido, para atrair o público os adjetivos usados intensificam o sentido da qualidade atribuída aos substantivos que modificam. Por exemplo: *Lua maravilhosa*. Identifique no texto os adjetivos que modificam os seguintes substantivos com intensidade de sentido:

A. excursão

_____

B. viagem

_____

C. alunissagem

_____

D. dias

_____

PUBLICIDADE 97

Conexão com Religião

São Jorge e o dragão

No texto *Lua maravilhosa*, a "programação lunar" convida os turistas ao "Grande duelo: São Jorge × Dragão".

Você sabe qual é a relação entre São Jorge, o Dragão e a Lua?

Segundo uma lenda medieval, um rei estava em desesperadora situação: um terrível dragão de hálito mortal ameaçava devorar sua filha. O monstro já havia espalhado a destruição por suas terras, e ninguém conseguia detê-lo.

Foi nesse momento que chegou ao reino um jovem cavaleiro proveniente da Capadócia (atual Turquia). Extremamente corajoso, lutou com a fera até enfiar-lhe a lança pela garganta e matá-la.

Esse ousado cavaleiro era São Jorge. Essa lenda conta uma das versões da história desse mártir que teria morrido por manter-se fiel a sua fé cristã no século V, no Império Romano.

São Jorge é cultuado por católicos, cristãos ortodoxos e anglicanos. No Brasil, também por umbandistas e candomblecistas, por sua sincretização com Ogum ou Oxóssi, orixás muitas vezes relacionados à Lua.

São Jorge e o dragão, de Paolo Uccello. Óleo sobre tela, 57 cm × 73 cm, c. 1456. Faz parte da cultura popular brasileira a ideia de que, nas manchas escuras da Lua, pode-se ver São Jorge sobre seu cavalo, em pleno combate com o dragão.

Práticas de linguagem

1. Em certa passagem do texto *Lua maravilhosa*, promete-se ao viajante uma "inesquecível *alunissagem*". Esse substantivo faz parte do vocabulário da astronomia e se estrutura como *aterrissagem*, que é o ato de pousar em terra. O verbo *alunissar* significa, portanto, pousar na Lua. Crie substantivos e verbos com essa mesma estrutura para os seguintes astros:

A. Netuno.

B. Júpiter.

C. Mercúrio.

D. Cometa.

E. Satélite.

2. Ao mencionar qual será o traje utilizado na viagem espacial, o autor do texto diz: "astronauta esportivo". Ao fazer isso, ele faz alusão a certos convites para festas e outros eventos sociais nos quais o anfitrião especifica para seus convidados o tipo de roupa que deverão usar: traje a rigor, esporte, casual, passeio, etc. Nos itens abaixo, informe a seus convidados o traje que deverão usar nas seguintes "excursões":

A. Mergulho profundo e demorado em área marítima a fim de pesquisar restos de um navio naufragado há dois séculos.

B. Visita a caverna recém-descoberta, situada a 200 metros de profundidade.

C. Descida de montanha em trenó individual (*luge*) nos Jogos de Inverno da Lua.

Erin Hamlin, dos EUA, em disputa pela Copa Mundial Feminina de Luge de 2009, em Altenberg, Alemanha.

Vamos escrever

Agora você vai criar um anúncio ficcional com estrutura semelhante à de *Lua maravilhosa*.

■ Convide seu leitor a fazer uma "excursão" fantástica. Por exemplo:
  – uma volta ao momento da criação do Universo;
  – um passeio a um jardim zoológico onde os humanos é que estão expostos e os visitantes são famílias de leões;
  – uma viagem de navio pelo mar de outro planeta...

■ Distribua as "atrações" em itens.

■ Estabeleça preços, trajes, opções, etc.

■ Se for o caso, crie palavras que combinem com o "produto", tal como o autor de *Lua maravilhosa* fez com *alunissagem*.

■ Não esqueça da frase-título.

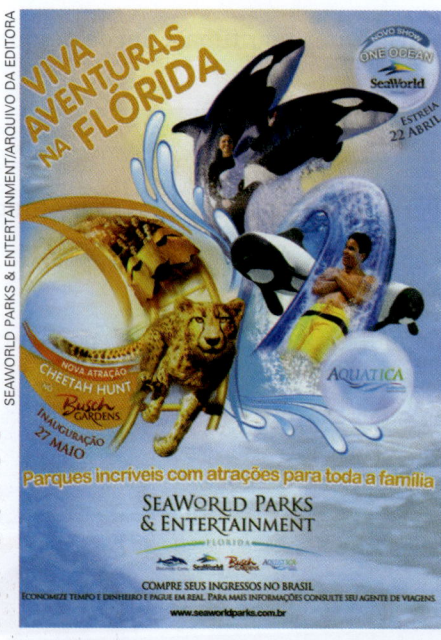

Anúncio publicado na revista *Viagem e Turismo*, São Paulo: Abril, n. 5, maio 2011, p. 9.

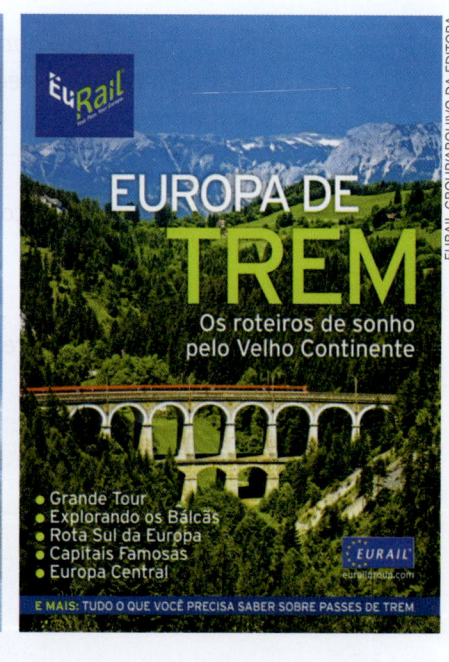

Anúncio publicado na revista *Viagem e Turismo*, São Paulo: Abril, n. 5, maio 2011, p. 83.

Autoavaliação e reescrita

Releia seu texto orientando-se pelo quadro a seguir.

sim	não	
☐	☐	Seu texto segue a estrutura de um anúncio publicitário tal como *Lua maravilhosa*?
☐	☐	Há palavras que jogam com sentidos relacionados ao tema?
☐	☐	Seu texto está dividido em itens, com a lista de opções de passeio, condições de hospedagem ou de transporte, etc.?
☐	☐	O título está convidativo para seu cliente imaginário?

Unidade 6

TEXTOS JORNALÍSTICOS: ENTREVISTA E REPORTAGEM

- **FOCO:** características de gêneros textuais próprios do jornalismo.
- **GÊNEROS:** entrevista e reportagem.
- **PRÁTICAS DE LINGUAGEM:** pronomes relativos; adequação de linguagem; crase; elementos de coesão; concordância verbal e nominal.

VAMOS LER 1
A revista *Veja* foi lançada em 1968 pelo Grupo Abril. De publicação semanal, hoje é a revista de maior circulação no país, com tiragem acima de 1 milhão de exemplares.

Doutor e *palhaço*

VOCÊ CERTAMENTE JÁ LEU, VIU E OUVIU VÁRIAS ENTREVISTAS. NESTA UNIDADE, VAMOS NOS DETER COM MAIS CALMA NAS ESPECIFICIDADES DESSE GÊNERO TEXTUAL.

O médico norte-americano cuja vida virou filme diz que o humor e a esperança são bons auxiliares no tratamento dos doentes

Quem vê o médico norte-americano Patch Adams com nariz de palhaço e cabelos coloridos pode achar que ele acabou de sair de um circo. É quase isso. Há três décadas, Adams transforma os quartos dos hospitais que visita em um verdadeiro picadeiro. Sua especialidade é animar pacientes com brincadeiras para reduzir o sofrimento deles. A vida de Adams foi retratada em 1998, no filme *O amor é contagioso*, com o ator Robin Williams no papel principal, e serviu de inspiração para o surgimento de vários grupos doutores da alegria, espalhados pelo mundo. O médico é autor de três livros, dois deles publicados no Brasil. Neles, Adams defende sentimentos como humor, compaixão, alegria e esperança no tratamento de pacientes e diz que o medo que os médicos têm de cometer erros destrói a relação médico-paciente.

Patch Adams, médico norte-americano que usa brincadeiras para aliviar o sofrimento de pacientes em hospitais.

Aos 58 anos, Adams dirige o Instituto Gesundheit (saúde, em alemão), nos Estados Unidos, que atende pacientes de graça. Também dá palestras e cursos em vários países. De Arlington, cidade onde mora com a mulher e dois filhos, Adams concedeu a seguinte entrevista a VEJA.

Veja – *O filme* O amor é contagioso *mostra o senhor como um médico que se preocupa muito com os sentimentos dos pacientes. O senhor sempre foi assim?*

Adams – Nem sempre. No fim da adolescência, não me preocupava com ninguém. Devido à morte de meu pai, ao suicídio de um tio muito querido e ao fim de um namoro, comecei a ficar obcecado pela ideia de morrer. Cheguei a tomar vinte aspirinas de uma só vez, tentei pular de um precipício. Até que um dia pedi a minha mãe que me internasse em um sanatório mental. Lá, conheci gente que estava tão pior que eu que fez minha dor parecer trivial. Eram pessoas que sempre viveram com raiva e desespero. Essa experiência me fez perceber quanto as emoções podem influenciar em nossa vida, seja de forma positiva ou negativa. A partir de então, comecei a dar mais importância aos sentimentos das pessoas.

Veja – *Estudos mostram que emoções como o perdão, a alegria e a esperança podem acelerar o processo de cura. Mesmo assim, muitos médicos não se preocupam com isso. Por que eles são tão resistentes a essa ideia?*

Adams – Os médicos tendem a esconder os sentimentos porque acham que ficarão vulneráveis se demonstrarem qualquer tipo de emoção. Antigamente existia o médico da família, que ia até a casa de seus pacientes, ouvia com atenção os problemas de cada um e conhecia cada integrante da família pelo nome. Hoje, o paciente é tratado como cliente de loja, que paga para obter o serviço. O amor passou a não ter espaço na área médica. Se o médico gasta tempo com amor, não tem retorno financeiro algum. Só ganha dinheiro se dá um remédio ao paciente ou faz alguma intervenção cirúrgica.

Veja – *Em seu livro* A terapia do amor, *o senhor diz que os médicos, em sua maioria, se sentem como se fossem deuses.*

Adams – Na verdade, é a sociedade que exige do médico que ele aja como se fosse um Deus. Espera-se que ele faça milagres e não erre nunca. Isso é impossível. Como todo ser humano, o médico pode errar. Essa ideia de que o médico tem de ser perfeito também prejudica a relação com o paciente. Faz com que este coloque toda a responsabilidade do que ocorre com ele nas mãos do médico. E isso é errado. O paciente é mais responsável pela própria recuperação do que o médico que o está tratando.

Veja – *Como assim?*

Adams – A maioria dos problemas de saúde ocorre por causa do estilo de vida inadequado do paciente, pelo sedentarismo e pela má alimentação. O médico geralmente só é procurado quando a doença já está em estágio avançado. O grande problema é acreditar que a medicina e a ciência têm a resposta para todos os nossos problemas. Não é verdade. Muitas vezes, a solução está em casa, nos pequenos hábitos do dia a dia.

Veja – *Que conselhos o senhor daria para os médicos se tornarem melhores profissionais?*

Adams – Medicina envolve relacionamento entre médico e paciente. Um bom médico é aquele que sabe cultivar essa relação por meio da troca de experiências, amizade, humor, confiança. Se existe desconfiança de um dos lados, essa relação vai por água abaixo. O grande problema da medicina é que os profissionais da saúde se sentem cobrados demais, acumulam várias funções e acham que não são devidamente recompensados por isso. A possibilidade de haver processos contra erros apavora os médicos, e a desconfiança destrói a relação médico-paciente.

Veja – *Qual é o papel dos pacientes nessa relação médico-paciente?*

Palhaço

Os colchões de antigamente tinham enchimento de palha. Originalmente, *palhaço* significava "recheado com palha".

Os bufões daquela época se vestiam com tecido igual ao dos colchões para amortecer as quedas. Na realidade, eram verdadeiros colchões ambulantes, por isso passaram a ser chamados palhaços.

Adams – O paciente precisa ter um sentimento amável e verdadeiro em relação a si mesmo. Não há nada pior que um comportamento autodestrutivo no processo de recuperação. É necessário ser um paciente paciente. A medicina não é como um sistema *fast food*, em que todas as necessidades são rapidamente resolvidas. Por isso, é importante escolher bem o médico, porque é preciso ter confiança nele. O médico demora muito para atender? Peça a ele que agende menos consultas. O paciente tem esse direito.

Veja – *Qual é a importância da fé na cura de um paciente?*

Adams – Em muitos casos, é mais importante que qualquer pílula ou intervenção cirúrgica. O paciente com fé tem uma capacidade maior de entrega, o que lhe traz conforto em todas as situações. Isso também vale para os familiares de doentes terminais. Quando comecei a trabalhar como plantonista em hospitais, descobri que as famílias que seguiam alguma religião se sentiam mais calmas quando rezavam do que quando tomavam algum tranquilizante. A partir daí, procurei sempre descobrir se os familiares do paciente seguiam alguma religião. Em muitos casos, até rezava com eles.

Veja – *Em sua opinião, é necessário seguir alguma religião para ter fé?*

Adams – De forma alguma. Eu, por exemplo, tenho fé, mas não sigo nenhuma religião. A religião é uma instituição, e a espiritualidade é amor e ação. Eu acredito mais na espiritualidade.

Veja – *O senhor acredita em Deus?*

Adams – Não. Eu acredito na serventia do amor para todas as pessoas.

Veja – *Em seus livros, o senhor diz que as pessoas não deveriam ter medo da morte. Pelo contrário, poderiam fazer dela uma diversão. Mas lidar com a morte quase nunca é fácil. Como é possível lidar com a morte com menos sofrimento?*

Adams – Na vida, temos de fazer escolhas. Se não há como mudar o rumo dos acontecimentos, podemos optar por vivenciar cada momento de uma forma alegre, agradecendo por tudo de bom que tivemos durante a vida, por nossa família e nossos amigos. Ou, então, achar que a vida não valeu nada, ver só o lado negativo das coisas, esquecer tudo de bom que nos aconteceu até hoje e morrer de forma miserável. Morrer é uma das poucas coisas que ocorrem com todo mundo, mas quase ninguém suporta pensar nisso. O que estou sugerindo é que a morte não precisa ser exatamente uma experiência horrenda.

O ator Robin Williams interpretando o papel de Patch Adams, no filme *Patch Adams – O amor é contagioso*.

Veja – *Não é difícil fazer palhaçadas para um paciente que vai morrer no dia seguinte?*

Adams – Não, porque é o próprio paciente que opta por isso. Eu sempre pergunto: "O que você quer? Você quer ser miserável ou você gostaria de se divertir e ter momentos de alegria?" Se ele quer se sentir miserável no leito de morte, que seja miserável. Se ele não quer ser miserável, nós podemos brincar e rir com ele. É gratificante poder fazer algo de positivo para os pacientes, mesmo os terminais.

Veja – *Nos hospitais, é mais fácil fazer brincadeiras com crianças que com adultos?*

Adams – Isso varia muito de um paciente para outro, mas em geral as crianças são mais fáceis de lidar, porque, diferentemente dos adultos, elas não param para pensar e refletir sobre o que fazemos. Apenas vivenciam a experiência.

Veja – *As escolas de medicina reconhecem hoje a eficiência de sua forma de tratar os pacientes?*

Adams – Eu acho que a maioria não dá importância a isso. Grande parte dos médicos, infelizmente, ainda está mais preocupada em garantir seu salário no fim do mês. Eles não gostam da roupa que usam, não gostam de seus pacientes.

Veja – *Suas ideias, que não eram aceitas no passado, são divulgadas hoje na maioria dos livros de autoajuda. O senhor considera isso uma vitória?*

Adams – A verdade é que não criei nada disso. Tudo o que digo já era falado ao longo dos séculos. Palavras de solidariedade, de conforto, conselhos a quem se ama sempre foram passados de mãe para filho, de avó para neto desde que o mundo é mundo. O fato é que as pessoas só começaram a se interessar mais por isso recentemente.

Veja – *O senhor costuma dizer que é mais palhaço do que médico. Por quê?*

Adams – Porque, como médico, só posso tratar os pacientes quando eles têm algum problema de saúde. Já como palhaço posso alegrar as pessoas em qualquer lugar e a qualquer hora, independentemente de estarem elas doentes ou não. Além disso, ser palhaço é mais divertido.

Veja – *O que o senhor achou do filme sobre sua vida?*

Adams – Eu gostei do filme, mas achei que poderia ter tido mais emoção, ter sido menos morno.

Veja – *Por quê?*

Adams – Bem, porque o diretor não teve muita imaginação…

Veja – *E da atuação de Robin Williams, o senhor gostou?*

Adams – Sim, ele é uma excelente pessoa e um ótimo ator. Ele fez um trabalho fabuloso, todos os meus amigos acharam que ele conseguiu passar a minha essência de forma correta.

Veja – *Há semelhanças entre o senhor e Robin Williams?*

Adams – Nós somos parecidos em muitas coisas. Ele é muito generoso, tem compaixão pelas pessoas e é muito divertido. Mas também temos algumas diferenças de personalidade.

Veja – *Que diferenças?*

Adams – Ele é muito mais tímido que eu.

Veja – *O filme mudou sua vida?*

Adams – Mudou minha vida para sempre. O que não consegui arrecadar em três décadas para a construção do hospital do Instituto Gesundheit obtive em seis semanas. Mas continuei e continuo sendo a mesma pessoa de antes.

Veja – *Então, o filme foi positivo para o senhor.*

Adams – Ah, sim, sem dúvida. O filme rodou o mundo e fez com que as pessoas conhecessem meu trabalho. Em vários lugares, mesmo os que eu já havia visitado antes, as coisas se tornaram mais fáceis. Consigo falar com as pessoas mais rápido, elas sempre atendem aos meus telefonemas.

Veja – *O senhor conhece os Doutores da Alegria do Brasil?*

Adams – Sim, encontrei alguns palhaços que fazem um trabalho semelhante ao meu quando estive no Brasil, há alguns anos.

Veja – *E o senhor gostou do trabalho deles?*

Adams – Sim, muito. São bons colegas de profissão.

Veja – *Seu nome verdadeiro é Hunter. Como surgiu o Patch?*

Adams – Hunter é meu nome legal. Nem me lembro mais de como surgiu o Patch, foi há quarenta anos, já faz parte de mim. Como surgiu não tem mais importância.

Veja – *Há algum sonho que o senhor ainda não realizou e gostaria que se concretizasse?*

Adams – A paz mundial. Não haver mais crianças de rua. Ver as pessoas se ajudando mutuamente, todas as famílias se autossustentando. Tudo isso são sonhos. Pode parecer utópico, mas acredito que seja possível. É por isso que faço o que faço. Eu trabalho o tempo todo para concretizar meus sonhos. É por essa razão que estou concedendo esta entrevista. Se eu não acreditasse, não faria nada disso.

ZAKABI, Rosana. *Veja*, 25 fev. 2004.

Vamos entender o texto

1. O texto que você acaba de ler é uma entrevista, gênero textual bastante comum em mídias jornalísticas – no caso, uma revista semanal de grande circulação. Antes de passarmos à análise da entrevista propriamente dita, observe os elementos que a precedem.

A. Qual é a **manchete**, isto é, o título da matéria jornalística?

B. Qual é o **lide**, isto é, o pequeno texto introdutório que aparece logo após a manchete?

2. O primeiro parágrafo do texto tem a função de apresentar o entrevistado aos leitores. Releia-o e complete os seguintes dados a respeito do entrevistado:

A. Nome: _____

B. Profissão: _____

C. O que faz nos hospitais: _____

D. Filme que foi baseado em sua vida: _____

E. O que diz em seus livros: _____

_____

_____

_____

3. Antes de fazer a entrevista, a jornalista obteve várias informações sobre o entrevistado. Que fontes ela consultou para obter essas informações?

_____

_____

4. Assinale a afirmativa correta a respeito de Adams e dos médicos que ele critica.

A. ☐ Adams defende que os médicos atendam muitos pacientes para ganhar mais dinheiro, e os demais médicos valorizam os sentimentos como meio de tratamento dos pacientes.

B. ☐ Adams valoriza os sentimentos como meio de tratamento dos pacientes, e os demais médicos tendem a esconder seus sentimentos.

5. Transcreva da entrevista o trecho em que o entrevistado sugere um meio de os médicos evitarem atrasos no atendimento de pacientes com consulta marcada.

_____

_____

_____

6. Qual a comparação que o entrevistado faz entre os antigos médicos de família e os médicos atuais?

_____

_____

_____

7. Na resposta à terceira pergunta da entrevista, Patch Adams diz que "o paciente é mais responsável pela própria recuperação do que o médico que o está tratando". Segundo explicações do próprio entrevistado, por que isso acontece?

_____

_____

_____

_____

8. Em geral, quando uma mídia decide publicar uma entrevista é porque considera que o entrevistado tem algo de importante e/ou interessante a dizer a seu público. Nesse caso, que aspectos do entrevistado o tornam importante e/ou interessante para o público da revista em que a entrevista foi publicada? Assinale a alternativa que considerar mais relevante.

A. ☐ Patch Adams é uma celebridade, pois sua vida foi tema de filme em Hollywood.

B. ☐ Patch Adams é um palhaço, e os palhaços atraem muito as crianças, público-alvo dessa revista.

C. ☐ Patch Adams é um senhor muito bem-sucedido em sua vida familiar.

D. ☐ Patch Adams é um médico conhecido internacionalmente por suas características incomuns e pioneiras no exercício da profissão de médico.

E. ☐ Patch Adams tem muita fé, e por isso é muito admirado por religiosos de todas as partes do mundo.

Conexão com Sociologia

O papel do médico

Os papéis do médico no exercício de sua profissão são tema de reflexão de diversos artistas e pensadores em todo o mundo.

No pequeno texto que você vai ler abaixo, o escritor uruguaio Eduardo Galeano (1940-) narra a "aula de medicina" que o médico Rubén Omar Sosa teve com a senhora Maximiliana, que, isolada num leito de hospital, manifesta seu maior anseio: trocar com outro ser humano o calor de um toque.

Uma aula de medicina

Rubén Omar Sosa escutou a lição de Maximiliana num curso de terapia intensiva, em Buenos Aires. Foi a coisa mais importante de tudo que aprendeu em seus anos de estudante.

Um professor contou o caso. Dona Maximiliana, muito alquebrada pelos anos de labuta de uma longa vida sem domingos, estava há vários dias internada no hospital, e todo dia pedia a mesma coisa:

— Por favor, doutor, o senhor podia medir minha pulsação?

Uma suave pressão dos dedos no pulso, e ele dizia:

— Muito bem. Setenta e oito. Perfeito.

— Está bem, doutor, muito obrigada. Agora, por favor, mede minha pulsação?

E ele tornava a medir, e tornava a explicar que estava tudo bem, que melhor, impossível.

Dia após dia, a cena se repetia. Toda vez que ele passava pela cama de dona Maximiliana, aquela voz, aquele sussurro, o chamava, oferecia esse braço, esse raminho, uma vez, e outra vez e outra.

Ele obedecia, porque um bom médico deve ser paciente com seus pacientes, mas pensava: "Essa velha é uma chata". E pensava: "Deve estar faltando algum parafuso nessa cachola".

Levou anos para entender que ela estava pedindo que alguém a tocasse.

GALEANO, Eduardo. *Bocas do tempo*. Trad. Eric Nepomuceno. Porto Alegre: L&PM, 2004. p. 232.

Práticas de linguagem

1. Releia:

Grande parte dos médicos, infelizmente, ainda está mais preocupada em garantir seu salário no fim do mês. Eles não gostam da roupa **que** usam, não gostam de seus pacientes.

O termo destacado é um pronome relativo. Sua função é substituir a palavra *roupa*:

Eles usam *a roupa*; eles não gostam *da roupa* → eles não gostam da roupa **que** usam.

Agora releia este outro trecho da entrevista:

O paciente com fé tem uma capacidade maior de entrega, **o que** lhe traz conforto em todas as situações.

Observe que, nesse caso, a expressão destacada refere-se a toda a oração anterior: o que traz conforto ao paciente é o fato de ele ter uma capacidade maior de entrega.

Essa expressão é composta do pronome demonstrativo **o** e do pronome relativo **que**. Veja:

O paciente com fé tem uma capacidade maior de entrega, **o que** lhe traz conforto em todas as situações.

Nos itens a seguir, complete as frases, unindo as partes com a ajuda do relativo **que** ou da expressão **o que**:

A. Ontem choveu o tempo todo, _____ estragou nossos planos de passar o dia na praia.

B. A chuva, _____ não parou um minuto de cair, estragou nossos planos de passar o dia na praia.

C. A ausência do espelhinho retrovisor, _____ tinha sido arrancado, dificultou muito minha visão lateral do trânsito.

D. O espelhinho retrovisor tinha sido arrancado, _____ dificultou muito minha visão lateral do trânsito.

E. Todos os jornais noticiaram o lançamento do filme, _____ contribuiu bastante para o sucesso da noite de estreia.

F. O filme, _____ foi visto por centenas de espectadores na noite de estreia, teve divulgação em todos os jornais.

2. As entrevistas com personalidades ou especialistas são precedidas de um texto cuja função é apresentar o entrevistado ao público. Essa apresentação pode ser longa, como a do texto 1, ou bem mais curta, e a linguagem variar de acordo com o veículo em que a entrevista é publicada. Veja, a seguir, textos introdutórios de entrevistas com o diretor de animações Carlos Saldanha (*A era do gelo* e *Rio*), publicados em três mídias diferentes:

Carlos Saldanha, diretor de *A Era do Gelo* e *Rio*, em entrevista no instituto de Ortopedia do HC, em São Paulo, onde visitou um fã, em julho de 2009.

Quando vemos um desenho animado nem imaginamos a trabalheira necessária para produzi-lo. Parece uma coisa tão simples... Mas não é. O *Estadinho* conversou com Carlos Saldanha, o brasileiro que dirigiu *A era do gelo 2,* para entender um pouco mais dessa história.

O Estado de S. Paulo, Estadinho, 25 mar. 2006. p. 5.

Carioca, tranquilão, 37 anos, Carlos Saldanha pode não ter no Brasil a mesma fama de Fernando Meirelles ou Walter Salles. Mas é um dos brasileiros que mais longe chegaram em Hollywood em todos os tempos – é um dos grandes nomes do cinema de animação mundial. Diretor do recém-lançado *A era do gelo 2,* Saldanha é braço direito de Chris Wedge, um dos criadores da Blue Sky Studios, um braço da Fox. Ex-analista de sistemas e fissurado por computadores desde pequeno, ele ajudou a criar personagens como o neurótico esquilo Scrat. A seguir, Saldanha fala sobre animação gráfica, desafios tecnológicos e a vida no mundo do cinema.

Disponível em: <http://super.abril.com.br/cultura/diretor-era-gelo-2-carlos-saldanha-446345.shtml>. (Acesso em abr. 2006).

O brasileiro Carlos Saldanha, diretor da animação *A era do gelo 3*, que estreia nesta quarta (1º de julho), vê agora suas duas famílias aumentando. Uma delas é a do filme que, em sua terceira incursão pelo cinema, ganha personagem novo, uma namorada para Scrat e um bebê para o casal mamute. Em casa, o mesmo acontece. Pai de Manoela, de 11 anos, Sofia, 8, e Júlia, 1 ano e 6 meses, está à espera de mais um bebê. "Desta vez um menino!", diz.

Disponível em: <http://revistacrescer.globo.com/Revista/Crescer/0,,EMI79874-10539,00.html>. (Acesso em jul. 2009).

Observe que os três textos destacam aspectos diferentes do entrevistado e empregam linguagens diferentes porque as três publicações se dirigem a públicos diversos.

Assim, o primeiro texto, que foi publicado no Estadinho, suplemento do jornal *O Estado de S. Paulo* destinado às crianças, é bem curto, usa uma linguagem bastante descontraída e apela à curiosidade infantil para descobrir o que está por trás das coisas.

Já o segundo texto, publicado na *Superinteressante*, revista de curiosidades culturais e científicas destinada sobretudo ao público jovem, salienta a juventude e o dinamismo do entrevistado e sua experiência profissional, numa linguagem informal.

Quanto ao terceiro texto, publicado numa revista dedicada principalmente a mães de família, ressalta a condição de pai do entrevistado, numa linguagem também descontraída, mas mais sóbria do que a empregada nos outros textos.

Agora é a sua vez. Imagine que você quer enviar a um idoso (de sua família, ou amigo...) a entrevista com Carlos Saldanha, porque a achou interessante. Mas esse idoso não conhece o filme nem tem muita familiaridade com as produções mais recentes em matéria de desenho animado, embora goste muito de cinema. Como você escreveria a introdução dessa entrevista para esse idoso? O que destacaria nela? Como apresentaria Carlos Saldanha?

Use as linhas abaixo como rascunho. Em seguida, passe seu texto a limpo e entregue-o ao professor e, depois, a seu "verdadeiro" destinatário, isto é, o idoso que você escolheu: será que ele vai ficar interessado?

_____
_____
_____
_____
_____
_____
_____
_____
_____
_____
_____

Vamos preparar a escrita

O que será que determina a escolha da profissão de uma pessoa? As respostas são, certamente, muito variadas.

Pense em alguém que trabalha com algo que você ache interessante, em alguém que você admire e em quem pretenda se espelhar na hora de escolher sua profissão. Pode ser uma pessoa de sua convivência ou que você conhece indiretamente: por ter ouvido falar pela mídia, numa entrevista, em um filme ou um livro, etc.

■ Quem é essa pessoa? O que ela faz?

■ Como a conheceu ou ouviu falar dela?

■ Por que você a admira?

Use as linhas abaixo para responder às questões propostas.

_____
_____
_____
_____
_____
_____
_____
_____

Vamos escrever

1. Agora você vai entrevistar um de seus colegas de turma a respeito das respostas dadas na seção anterior, **Vamos preparar a escrita**. Antes disso, escreva seu nome em um pedaço de papel e entregue-o ao professor: ele vai misturá-lo aos nomes de seus colegas e, depois, fazer um sorteio, para decidir quem vai entrevistar quem. Você vai entrevistar o colega que lhe coube como se seu texto fosse ser publicado num *site* ou jornal da escola, como parte de uma reportagem intitulada "O que querem os alunos do nono ano".

Prepare as perguntas, procurando obter respostas para os seguintes itens:

- O que faz a pessoa que você escolheu?
- Você a conhece pessoalmente? Se sim, explique como. Se não, explique como ouviu falar dela.
- Por que você escolheu essa pessoa?
- O que, em seu trabalho, a torna admirável a seus olhos?
- Que desafios e dificuldades você imagina que terá se seguir o mesmo caminho que a pessoa escolhida?
- Que alegrias e recompensas você imagina que terá se seguir o mesmo caminho que a pessoa escolhida?
- Que características você imagina que deverá ter ou desenvolver se decidir de fato seguir o mesmo caminho que a pessoa escolhida?

Depois de preparadas as perguntas, sente-se com seu colega e entreviste-o. Anote abaixo as perguntas e as respostas. Lembre-se de que você também será entrevistado pelo colega que o sorteio determinou.

_____
_____
_____
_____
_____
_____
_____
_____
_____
_____
_____
_____
_____
_____
_____
_____
_____

2. Escreva um pequeno texto introdutório para sua entrevista, no qual você apresentará seu colega para o leitor do *site* ou do jornal.

_____
_____
_____
_____
_____

Cena da peça *Senhor Dodói*, apresentada, em 2010, pelos Doutores da Alegria.

VAMOS LER 2

O *Diário Catarinense*, ou DC, como é conhecido, foi fundado em 1986. Tem grande circulação, sobretudo no estado de Santa Catarina. Foi um dos primeiros a adotar também a versão *on-line*.

O riso *cura*

VAMOS LER UMA REPORTAGEM SOBRE A ARTE QUE LEVA ALEGRIA AONDE ELA NÃO PARECE POSSÍVEL.

O doente imaginário: nessa peça, o dramaturgo francês Molière conta a história de um senhor hipocondríaco às voltas com médicos pouco escrupulosos.

ONG Doutores da Alegria apresenta peça infantil baseada em clássico de Molière

A ONG paulista Doutores da Alegria chega a Florianópolis neste final de semana com um claro objetivo: fazer você rir. O espetáculo infantil *Senhor Dodói* será apresentado pelo grupo hoje e amanhã, no Teatro Governador Pedro Ivo.

A trupe traz na bagagem o humor do picadeiro e a alegria como remédio para todo tipo de tristeza. A peça é inspirada na obra *O doente imaginário*, de Molière, de 1673.

— O espetáculo trata da relação entre médico e paciente e de como ela pode ser danosa quando não está baseada em valores honestos — destaca o diretor Ângelo Brandini.

No enredo, Senhor Dodói é um homem meio amalucado que acredita estar doente e se submete aos cuidados do interesseiro Doutor Ganâncius — que prescreve muito extrato de gambá e pílulas de jiló para "curar" o homem.

Além disso, Dodói decide casar sua filha Angélica com o sobrinho de Ganâncius, embora o coração da jovem pertença a outro, Amado.

O espetáculo foi adaptado pelo próprio Brandini e conta com várias canções que caracterizam os personagens e apresentam a narrativa.

A ONG Doutores da Alegria começou fazendo encenações dentro de hospitais públicos, com a missão de promover momentos de alegria a crianças internadas para tratamento, seus pais e profissionais da saúde.

Depois, o grupo partiu para os palcos, entretendo adultos e crianças.

A organização também conta com um núcleo de pesquisa dedicado à arte do palhaço, com foco na produção de conhecimento e criações artísticas. E com a Escola de Palhaços dos Doutores da Alegria, com cursos voltados a públicos diversos.

— Gosto de dizer que minhas peças são para as crianças levarem os adultos. Chegamos à conclusão de que a doença não está restrita aos hospitais, se manifesta de várias formas, nas ruas, nas grandes cidades, nas relações interpessoais — opina Ângelo Brandini.

Hoje, a rede de palhaços/profissionais da ONG Doutores da Alegria é formada por 46 artistas.

— O nome da rede é Palhaços em Rede. É muito grande a procura de grupos que fazem trabalhos inspirados nos Doutores da Alegria — diz Ângelo.

A seleção dos artistas que fazem parte da rede leva em conta o tempo de atuação de cada grupo, o histórico e a disponibilidade para treinamento.

Para participar dessa mobilização pela alegria, basta acessar <www.doutoresdaalegria.com.br>.

Diário Catarinense, 12 jun. 2010. Disponível em: <http://www.clicrbs.com.br/diariocatarinense/jsp/default2.jsp?uf=2&local=18&source=a2933912.xml&template=3898.dwt&edition=14877&section=1315>. (Acesso em 12 maio 2011).

Vamos entender o texto

1. O texto que você acaba de ler é uma reportagem, gênero textual da área jornalística. A reportagem caracteriza-se por relatar acontecimentos atuais ou recentes de interesse do leitor – assim como a notícia, só que de maneira um pouco ou muito mais aprofundada.

A. Qual o fato relatado pela reportagem?

B. Quem são as pessoas envolvidas?

C. Onde se deu ou dará o fato relatado?

D. Quando se deu ou dará o fato relatado?

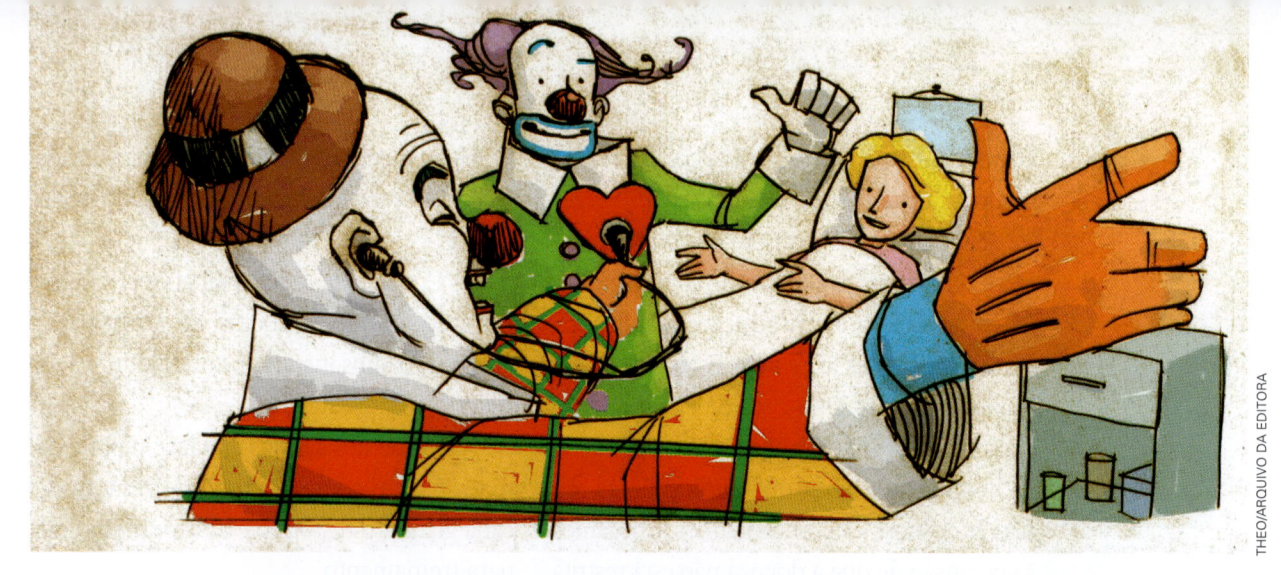

2. Apresentamos a seguir cinco novas manchetes para a reportagem *O riso cura*. Escolha aquela que lhe parece mais adequada para substituir a original e explique a razão de sua escolha.

A. Peça teatral ensina que o riso faz bem à saúde

B. Espetáculo sobre doente imaginário estreia em Florianópolis

C. Pesquisadores da área da saúde se apresentam na cidade

D. *Senhor Dodói* chegou!

E. Doutores da Alegria desembarcam no Governador Pedro Ivo

_____
_____
_____
_____

3. Em relação ao lide dessa reportagem:

A. qual é ele?

_____
_____

B. qual é sua função?

_____
_____

4. Para explicar ao leitor qual o trabalho dos Doutores da Alegria, a reportagem recorre às palavra de Ângelo Brandini, o diretor do espetáculo e membro da ONG.

A. De acordo com ele, qual o tema da peça *Senhor Dodói*?

B. Por que Brandini diz que suas peças "são para as crianças levarem os adultos"?

5. Releia os nomes das personagens da peça: Senhor Dodói, Angélica, Amado e Ganâncius. Pode-se dizer que eles são cômicos? Por quê?

Práticas de linguagem

1. Releia:

A organização também conta com um núcleo de pesquisa dedicado **à** arte do palhaço, com foco na produção de conhecimento e criações artísticas.

A palavra destacada leva acento grave para indicar a ocorrência de crase.

> **Crase** é o fenômeno linguístico no qual há fusão da preposição *a* e do artigo definido feminino *a*.

Repare:

A organização também conta com um núcleo de pesquisa dedicado **ao** estudo da arte do palhaço, com foco na produção de conhecimento e criações artísticas.

Nesse caso, a preposição *a* está unida ao artigo definido masculino *o*, formando *ao*.

A crase é representada na linguagem escrita pelo emprego do acento grave no *a*, como no exemplo citado.

TEXTOS JORNALÍSTICOS: ENTREVISTA E REPORTAGEM

Complete os itens a seguir com **a**, **à(s)** ou **ao(s)**:

A. A jogadora não reagiu bem _____ falta que recebeu da adversária.

B. A jogadora não reagiu bem _____ gol sofrido por seu time.

C. A jogadora não reagiu bem _____ uma falta que recebeu da adversária.

D. A jogadora custou _____ aceitar a vitória do time adversário.

E. Os alunos aderiram sem pestanejar _____ projeto cultural sugerido pelo carismático baterista.

F. Os alunos aderiram sem pestanejar _____ proposta sugerida pelo carismático baterista: participar de uma feira cultural.

2. Também ocorre crase quando há fusão da preposição *a* com a letra inicial *a* dos demontrativos *aquele(s)*, *aquela(s)*, *aquilo*:

A ONG Doutores da Alegria dedica-se àquele algo mais de que os pacientes necessitam quando estão internados: atenção e afeto.

Use o acento grave para indicar a crase, quando for o caso:

A. O cozinheiro acrescentou seu toque pessoal **a**quela receita especial, ensinada por sua avó.

B. Quando disse que admirava os médicos, refiria-me **a**queles que exercem sua profissão com seriedade.

C. Minha casa é **a**quela que tem um portão verde, em frente à padaria.

D. **A**quilo que o conferencista disse, um homem da plateia reagiu com entusiamo: levantou-se e aplaudiu.

E. Tenho planos especiais para **a**quelas férias tão sonhadas.

3. Quando precisamos nos referir a termos já citados, podemos usar os numerais ordinais *primeiro* e *segundo* ou os pronomes demonstrativos *este* e *aquele*. Observe:

Em casos de pacientes terminais, os profissionais responsáveis muitas vezes têm de decidir entre dois caminhos: qualidade de vida e prolongamento da vida a qualquer custo.

*Se o **primeiro** deve ser buscado para garantir maior conforto ao paciente, o **segundo** põe em questão o respeito aos limites do que é possível suportar.*

*Para profissionais da saúde, é um desafio enorme conciliar, no tratamento de pacientes terminais, aparato tecnológico e qualidade de vida. **Esta** não pode ser garantida se **aquele** for a opção privilegiada, pois sempre haveria uma intervenção possível para o retardo da morte a qualquer custo.*

Continue as frases dadas empregando os numerais ordinais ou os pronomes demonstrativos para referir-se aos termos já citados.

A. Há dois tipos de médicos: os ortodoxos, que são a maioria, e os inovadores, como Patch Adams.

_____
_____
_____
_____

B. No que se refere às drogas em geral, os governos podem adotar duas providências diferentes: a repressão pura e simples ou a política de prevenção e informação sobre riscos e danos.

_____
_____
_____
_____

C. Quando somos bem orientados, sabemos que é possível optar entre uma alimentação equilibrada e uma alimentação sem nenhum tipo de regra ou restrição.

_____
_____
_____
_____

Atividades de concordância

1. Leia as explicações do quadro:

> **PRONOME RELATIVO QUE** — O verbo da oração subordinada iniciada pelo pronome relativo *que* concorda com o antecedente desse pronome:
> *Fui **eu** que **levei** meus pais ao espetáculo.*
> *São **os filhos** que **levam** os pais ao espetáculo.*
>
> **PRONOME RELATIVO QUEM** — Observe a concordância do verbo da oração subordinada:
> *Fui **eu** quem **levei** meus pais ao espetáculo.* ⟶ concorda com o antecedente (**eu**) do pronome relativo.
> *Fui eu **quem levou** meus pais ao espetáculo.* ⟶ concorda com o pronome relativo, que é sujeito da oração subordinada.
> *São **os filhos** quem **levam** os pais ao espetáculo.* ⟶ concorda com o antecedente (**os filhos**) do pronome relativo.
> *São os filhos **quem leva** os pais ao espetáculo.* ⟶ concorda com o pronome relativo.

Empregue *quem* no lugar de *que*, fazendo as concordâncias possíveis:

A. Foste tu que notaste a rachadura na parede do edifício?

B. Fui eu que decidi mudar o rumo deste conflito.

C. Fomos nós que planejamos a viagem do 9º ano em dezembro.

D. Foram os pacientes que ensinaram o médico a ser um profissional melhor.

2. Leia as explicações do quadro:

> **BARATO / CARO**
>
> **A.** Quando as palavras *caro* e *barato* forem adjetivos, devem concordar com os substantivos, assim:
>
> *A batata está **cara**. / A batata está **barata**.*
>
> *O computador é **caro**. / O computador é **barato**.*
>
> *Os carros estão **caros**. / Os carros estão **baratos**.*
>
> *As roupas são **caras**. / As roupas são **baratas**.*
>
> **B.** Quando vêm acompanhadas do verbo *custar*, as palavras *barato* e *caro* são advérbios e não variam:
>
> *As roupas custam **caro**. / Essa camisa custou **barato**.*
>
> **É BOM / É NECESSÁRIO / É PROIBIDO**
>
> Essas expressões só variam quando o sujeito vier modificado por artigo:
>
> *Água **é bom** para matar a sede.*
>
> *A água **é boa** para matar a sede.*
>
> ***É necessário** muita atenção.*
>
> ***É necessária** a tua atenção.*
>
> ***É proibido** entrada.*
>
> ***É proibida** a entrada.*
>
> **MENOS**
>
> A palavra *menos* é advérbio e, portanto, não varia:
>
> *Ela está **menos** cansada hoje.*
>
> *Há **menos** meninas no pátio hoje.*
>
> **DE FORMA QUE / DE MANEIRA QUE**
>
> Essas locuções adverbiais também não variam. Portanto são incorretas as construções no plural "de formas que"; "de maneiras que".
>
> *A tartaruga fugiu, **de forma que** não sabemos se voltará.*
>
> *Todos já chegaram, **de maneira que** a aula já pode começar.*

Complete as frases empregando a forma mais adequada entre as que são dadas nos parênteses:

A. É _____ a tua presença na escola. (necessário – necessária)

B. Refrigerante é _____ para a saúde? (boa – bom)

C. É _____ permanência de pessoas estranhas neste recinto. (proibido – proibida)

D. É _____ a permanência de pessoas estranhas neste recinto. (proibido – proibida)

E. Ele é principiante, _____ pode contar conosco. (de forma que – de formas que)

F. Hoje em dia as roupas infantis custam _____ . (caro – caras)

G. É _____ prudência ao volante. (necessário – necessária)

H. Nesta cidade todos os serviços são muito _____ . (caro – caros)

Vamos relacionar os textos

Nesta unidade, você leu dois textos jornalísticos, ambos relacionando os temas saúde e humor.

Apesar dos temas em comum, há uma diferença entre as formas de construção dos textos: o texto 1 é uma entrevista, o 2, uma reportagem.

Escreva na página ao lado um texto comparando os dois textos desta unidade quanto às suas diferenças de construção. Inclua os seguintes tópicos na sua comparação:

■ perguntas e respostas;

■ apresentação inicial;

■ dados de pesquisas;

■ depoimentos de especialistas.

Ampliando horizontes

Museu da Pessoa

Nas palavras da própria instituição, trata-se de "um museu virtual de histórias de vida aberto à participação gratuita de toda pessoa que queira compartilhar sua história".

Fundada em 1991, essa Organização da Sociedade Civil de Interesse Público (OSCIP), sem fins lucrativos, acredita que "todos somos protagonistas da História com nossas reflexões, sorrisos, ações, sentimentos e visões de mundo. O Museu da Pessoa reúne em seu acervo milhares de depoimentos que revelam como a História se constrói na vida cotidiana".

Atualmente há núcleos do Museu da Pessoa em Braga (Portugal), Indiana (EUA) e Montreal (Canadá).

Qualquer pessoa pode registrar sua história no estúdio do Museu da Pessoa, situado na capital paulista. Quem se interessar precisa apenas agendar a gravação, que é feita em vídeo e passa a fazer parte do acervo do museu. Quanto ao entrevistado, ele recebe em DVD uma cópia do seu depoimento. É possível, também, indicar uma pessoa para ser entrevistada. A instituição pede apenas que você forneça as seguintes informações:

• Quem é o entrevistado?
• Qual o motivo da indicação?
• Como podemos entrar em contato com essa pessoa?

Disponível em: <http://www.museudapessoa.net>.
(Acesso em 22 jun. 2011).

Troque ideias com seus colegas, sob a orientação do professor.

■ Você concorda que "toda história de vida tem valor e deve fazer parte da memória social"?

■ Na sua opinião, "ouvir o outro é essencial para respeitá-lo e compreendê-lo como par"?

Vamos escrever

Nesta unidade você entrou em contato com pessoas e instituições que se dedicam a buscar alternativas para tornar o mundo em que vivemos um lugar mais justo e solidário. Agora, em duplas, vocês vão escrever uma reportagem sobre uma pessoa ou instituição que também tenha essa preocupação.

Como se trata de uma reportagem, não se esqueçam de criar para ela uma manchete e um lide.

Se possível, acrescentem fotos a seu texto.

Vocês poderão redigir seu texto dirigindo-se a um dos seguintes públicos:

- os leitores do jornal do bairro em que vocês moram;
- os alunos do 6º e do 7º ano.

Vamos planejar a escrita

Antes de escrever, será necessário fazer uma pesquisa sobre a pessoa ou instituição escolhida a fim de descobrir:

- qual foi sua motivação;
- como é sua atuação;
- que público visa atingir;
- quais foram os resultados obtidos até o momento;
- quais são os próximos passos e projetos.

Autoavaliação e reescrita

Troque sua reportagem com um colega: um vai ler e comentar o texto do outro, apontando soluções para o que não ficou muito bom. Atentem para os seguintes aspectos:

sim	não	
☐	☐	Na reportagem há uma manchete e um lide?
☐	☐	O leitor consegue entender como atua a pessoa ou instituição escolhida?
☐	☐	A linguagem está adequada a seu público, isto é, ao leitor do jornal do bairro em que moram ou aos alunos do 6º e do 7º ano?
☐	☐	Se há fotos, elas ilustram bem a reportagem?

Revisem cuidadosamente a reportagem que você e seu colega escreveram e reescrevam-na, se necessário. Publiquem as reportagens da classe no *blog* ou *site* da comunidade escolar ou exponham-nas em um painel na escola para que os alunos dos outros anos possam lê-las.

Unidade 7

TEXTOS DE OPINIÃO

- **FOCO:** características de gêneros textuais do âmbito do argumentar.
- **GÊNEROS:** orientação comportamental e crônica de opinião.
- **PRÁTICAS DE LINGUAGEM:** recursos de aproximação com o leitor; usos expressivos da pontuação; marcas da oralidade; elementos de coesão; adequação de linguagem; pontuação.

VAMOS LER 1
Gloria Kalil nasceu em Guaratinguetá (SP). Empresária, consultora de moda e jornalista, tem formação em Sociologia e Ciência Política. É um dos nomes mais respeitados nas áreas de moda e comportamento.

Esnobe. Quem? Eu?

MODA E COMPORTAMENTO TÊM SIDO, CADA VEZ MAIS, TEMA DE REFLEXÃO POR PARTE DE ESTUDIOSOS DE VÁRIAS ÁREAS. É O QUE VOCÊ VAI VER A SEGUIR.

Houve tempo em que reis eram reis, nobres eram nobres e povo era povo. Não havia a menor hipótese de um camponês se tornar um nobre. Não havia sequer casamento entre eles. Eram mundos estanques e rigorosamente separados, onde cada qual representava seu papel, sem qualquer chance de mobilidade.

Numa sociedade democrática, há possibilidade de mudar de posição, de sair da condição de operário para a de mandatário de um país, por exemplo.

A possibilidade de subir socialmente — e também de decair de um momento para outro — numa sociedade móvel e competitiva é um campo aberto para o fenômeno do esnobismo. Se por um lado temos igualdades conquistadas no plano jurídico, é difícil imaginar uma sociedade sem ordens e hierarquias (reais ou imaginárias), que acabam dando em privilégios.

Nesse cenário, quem não está contente com sua posição no mundo vai a qualquer custo tentar a famosa "escalada social". A

estanque: parado; que não progride; paralisado.

sarcasmo: ironia corrosiva.

sadomasoquista: que é sádico (sente prazer com a humilhação do outro) e masoquista (sente prazer em se submeter à humilhação).

*O texto não explicita o autor da citação.

situação é feita sob medida para o comportamento esnobe.

Quem é o esnobe? É a pessoa que pratica e vibra com o sistema de exclusão e discriminação. "O *snob* só tem um parâmetro — o da comparação"*, com os de baixo e os de cima.

A única maneira de ele se sentir superior é menosprezando os outros. Faz isso com aquele olhar de cima para baixo, torcendo a boca, com ironia e sarcasmo. Ou silenciosamente, sem confessar para ninguém — nem para si próprio.

Todo mundo julga as pessoas que considera diferentes. Julga pelo tipo de carro que tem, pelo livro que lê, pelas opiniões políticas, pela roupa que usa, pelo cabelo, pelo jeito de apertar a mão, pelo andar, pelo tom da voz. E até pela universidade que frequenta.

Você, inclusive.

Até aí, tudo bem. Julgar, todo mundo julga. O problema existe quando o julgamento dispara um sistema cruel que desclassifica, despreza e descarta as pessoas, numa imitação grotesca do comportamento arrogante dos nobres. Esnobismo é o comportamento que faz com que se anule ou se acolha uma pessoa por uma roupa, uma opinião, um sotaque. Quando o julgamento vira uma discriminação próxima do preconceito. Você se achar melhor do que alguém que prefere carro a literatura — ou vice-versa.

Como conviver com essa praga? Como sobreviver numa época em que o esnobismo parece ter chegado ao seu ponto máximo?

Primeiro: sabendo o que é o esnobismo, divirta-se com ele; não se deixe ameaçar.

Segundo: busque conhecer os códigos de comportamento e tenha consciência de suas escolhas. Capriche nelas naturalmente: se você for educado, informado, tiver estilo, que esnobe vai te derrubar?

Terceiro: aceite tranquilamente a ideia de que você não acerta sempre, e nem todos vão admirar ou aplaudir tudo o que você faça. Não caia na armadilha do esnobismo.

Agora, se você não conseguir fazer nada disso, não tem jeito. Você também é um esnobe da melhor espécie. Não é vítima: é um parceiro e tanto para esse joguinho sadomasoquista.

KALIL, Gloria. *Chic[érrimo]*; moda e etiqueta em novo regime. São Paulo: Codex, 2004.

Vamos entender o texto

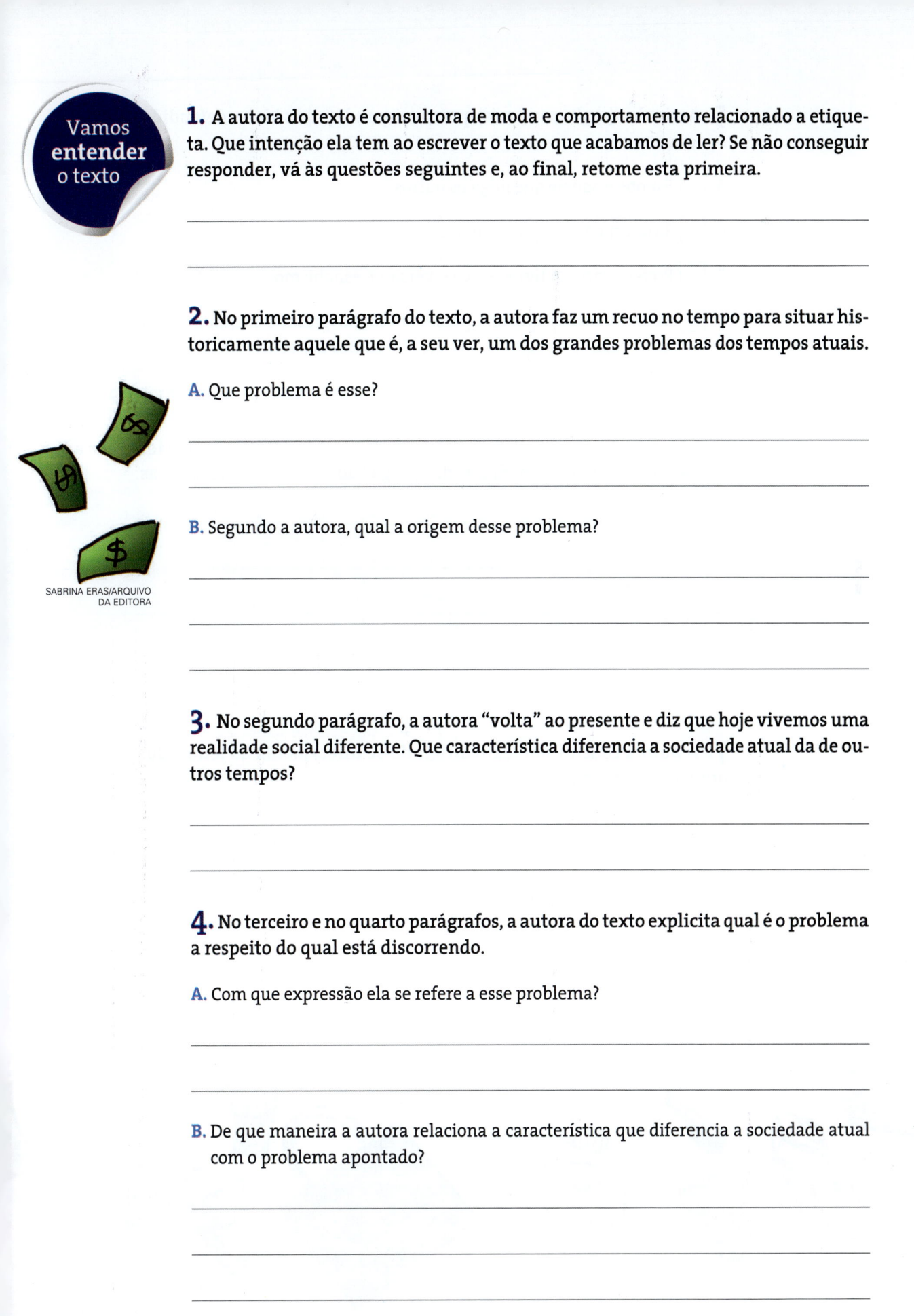

1. A autora do texto é consultora de moda e comportamento relacionado a etiqueta. Que intenção ela tem ao escrever o texto que acabamos de ler? Se não conseguir responder, vá às questões seguintes e, ao final, retome esta primeira.

_____
_____

2. No primeiro parágrafo do texto, a autora faz um recuo no tempo para situar historicamente aquele que é, a seu ver, um dos grandes problemas dos tempos atuais.

A. Que problema é esse?

_____
_____

B. Segundo a autora, qual a origem desse problema?

_____
_____
_____

3. No segundo parágrafo, a autora "volta" ao presente e diz que hoje vivemos uma realidade social diferente. Que característica diferencia a sociedade atual da de outros tempos?

_____
_____
_____

4. No terceiro e no quarto parágrafos, a autora do texto explicita qual é o problema a respeito do qual está discorrendo.

A. Com que expressão ela se refere a esse problema?

_____
_____

B. De que maneira a autora relaciona a característica que diferencia a sociedade atual com o problema apontado?

_____
_____
_____

SABRINA ERAS/ARQUIVO DA EDITORA

TEXTOS DE OPINIÃO

5. Assinale a(s) alternativa(s) que corresponde(m) às ideias defendidas pela autora do texto.

A. ☐ Esnobe é aquele que julga os outros.

B. ☐ Só os esnobes julgam os outros.

C. ☐ Preferir carros a livros – e vice-versa – é esnobismo.

D. ☐ Esnobe é aquele que tem prazer em menosprezar e excluir os que têm hábitos, aparência, comportamentos, etc. diferentes dos seus.

E. ☐ O esnobe age como um nobre de antigamente: é sua caricatura grotesca.

6. Segundo a autora do texto, quais são as três atitudes básicas que temos de adotar para não cair nas armadilhas da "praga" do esnobismo? Resuma-as.

_____
_____
_____
_____
_____

7. A autora conclui seu texto dirigindo-se diretamente ao leitor. Qual é o leitor pressuposto por ela?

_____
_____
_____

8. Volte à primeira questão para respondê-la ou para confirmar a resposta já dada.

Conexão com Comportamento
Modos e moda

Com o passar do tempo, a moda e os modos das pessoas vão mudando... Leia o texto a seguir – trecho da crônica *Velhos espartilhos*, escrita em 1968 – e comprove!

"Cada época se assoa de uma certa maneira. Não falo da grã-fina atual, que não se assoa nem usa lenço. Na *belle époque*, porém, a mulher não tinha esse pudor nasal. Por exemplo: numa frisa de ópera, uma bela senhora puxava o lenço e, diante da plateia interessada, assoava-se com um som de trombeta. Era sublime.

Já as gerações seguintes tinham outros escrúpulos e recatos. E uma bonita senhora só usava o lenço em último recurso, e quando a coriza já pingava. Mas não havia o som comprometedor. Em nossos dias, chegamos à solução ideal: uma grã-fina não usa nem lenço, nem som, nem coriza. Até hoje, que me lembre, não vi nenhuma capa de *Manchete* com sinusite."

RODRIGUES, Nelson. *A cabra vadia*. Rio de Janeiro: Agir, 2007. p. 417-8.

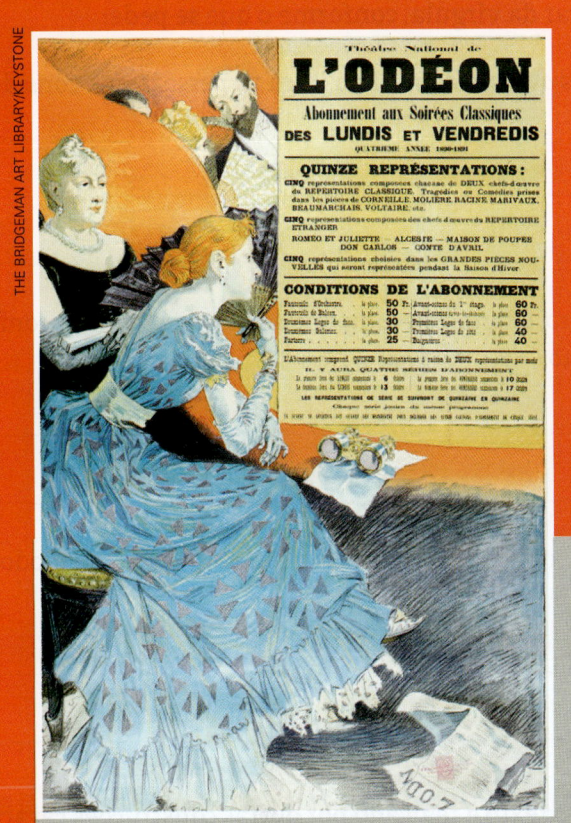

Cartaz de Eugène Grasset (1841-1917) para o teatro Odéon. *Belle époque* (expressão francesa que significa "bela época") é o nome que se dá a um movimento artístico, político e cultural que esteve em alta no final do século XIX e começo do XX.

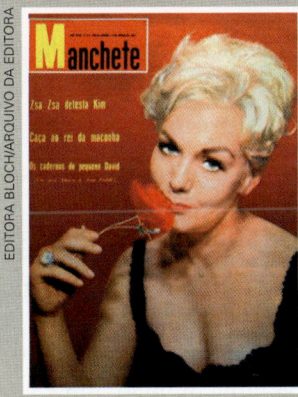

Capa da revista *Manchete*, da editora Bloch, de 19 de março de 1960, com a atriz Kim Novak. A revista circulou entre 1952 e 2000.

Práticas de linguagem

1. O texto que você leu é parte de um livro destinado a passar a seus leitores algumas orientações e sugestões de comportamento e moda. Por causa disso, funciona como uma espécie de diálogo direto entre a autora e o leitor. No título – *Esnobe. Quem? Eu?* – a quem se refere a primeira pessoa?

2. Releia este parágrafo do texto:

Você, inclusive.

Ele é excepcionalmente curto, feito de apenas duas palavras e dois sinais de pontuação. Com esse microparágrafo, que se destaca dos outros por sua concisão, a autora chama o leitor, "captura-o", envolve-o no tema que está discutindo.

Destaque algumas ideias expostas no texto isolando-as num parágrafo ou separando-as com ponto-final no lugar da vírgula, conforme o que se pede:

A. Dê ênfase aos parâmetros pelos quais todo mundo julga as pessoas que considera diferentes, segundo o texto.

_____
_____

B. Destaque, para deixá-lo bem claro, o termo da comparação que o esnobe faz, conforme a citação que aparece no texto.

_____
_____

C. Dê ênfase ao conselho dado no texto para que se escolha conscientemente o modo de comportar-se.

_____
_____

3. O tom de conversa informal do texto é realçado por outras construções características da oralidade. Observe no trecho a oração destacada:

Esnobismo é o comportamento que faz com que se anule ou se acolha uma pessoa por uma roupa, uma opinião, um sotaque. **Quando o julgamento vira uma discriminação próxima do preconceito.** Você se achar melhor do que alguém que prefere carro a literatura — ou vice-versa.

A. A oração destacada pareceria incompleta se fosse lida isoladamente. De que frase ela é complemento?

_____

B. Na frase "[Esnobismo é] Você se achar melhor do que alguém [...]", o pronome *você* foi usado com o mesmo valor do *você* do parágrafo "Você, inclusive."? Explique.

_____
_____

C. Substitua nas frases dadas o pronome *você* por "a pessoa", "nós", "a gente", "alguém", "ninguém" ou por sujeito indeterminado. Faça adaptações se for necessário.

■ Em São Paulo, você nunca sabe que roupa usar: você sai de manhã para o trabalho, está fazendo frio; à tarde, faz *aquele* calor...

_____

_____

_____

■ Completar o Ensino Médio não garante a você um bom emprego, mas é um caminho.

_____

_____

■ Com a melhora dos salários, você passa a consumir produtos que não consumia antes.

_____

_____

■ A estilista inglesa Stela McCartney criou polêmica na Inglaterra ao dizer que mudaria os filhos para a escola particular porque a pública está deixando a desejar. Aqui, você aceita com naturalidade a degradação da escola pública.

_____

_____

4. No parágrafo que inicia com "Até aí, tudo bem.", a autora, antes mesmo de definir *esnobismo*, refere-se a essa atitude como "imitação grotesca do comportamento arrogante dos nobres", deixando claro o que pensa sobre o assunto.

A. Cite outras duas expressões usadas pela autora nos parágrafos seguintes para se referir a *esnobismo*.

_____

_____

B. Substitua as expressões repetidas nas frases por outras que mantenham ou ampliem seu sentido:

■ O trio N*E*R*D tocou na abertura do primeiro *show* do *rapper* Eminem no Brasil. O trio N*E*R*D aposta na mistura de ritmos como *hip-hop* e *rock*.

_____

_____

■ *Daytripper*, história criada pelos brasileiros Gabriel Bá e Fábio Moon, encabeça a lista de HQs mais vendidas nos Estados Unidos. Gabriel Bá e Fábio Moon acumulam vários prêmios no Brasil e no exterior.

■ O livro *Pegasus e o fogo do Olimpo*, escrito por Kate O'Hearn, ambienta a história do cavalo alado na Nova York de hoje. Kate O'Hearn afirma que, "lendo os mitos, os adolescentes podem achar força para os seus desafios".

Vamos conversar

Leia algumas opiniões e questionamentos sobre moda, feitos por três pessoas diferentes.

A. A moda não é algo presente apenas nas roupas. A moda está no céu, nas ruas, a moda tem a ver com ideias, a forma como vivemos, o que está acontecendo...

CHANEL, Coco (1883-1971), estilista francesa. Fonte: <www.akatu.org.br/central/opiniao/2010/muito-alem-de-um-elegante-vestido-preto>. (Acesso em 29 nov. 2010).

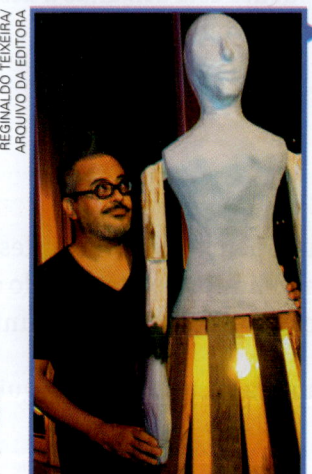

B. Quero que a roupa fale, grite, opine. Proponho com a minha roupa a construção divertida de um personagem, e isso é muito literário.

FRAGA, Ronaldo, estilista brasileiro. Fonte: <http://olivreiro.com.br/blog/2010-01-20-ronaldo-fraga-e-as-roupas-que-falam>. (Acesso em 29 nov. 2010).

Ronaldo Fraga no Minas Trend Preview, em 2009.

C. Sempre que ando pelo centro da cidade ou nos *shoppings*, fico vendo quanto as pessoas tentam se parecer com aqueles que estão na mídia, o quanto elas saem de si e buscam se tornar o outro vestindo o que eles vestem, calçando o que eles calçam e às vezes nem percebem quão ridículo é estar usando um *look* que nada tem a ver com seu corpo ou com sua situação social.

GOMES, Chico, fotógrafo brasileiro. Fonte: <http://antropologiadamoda.blogspot.com>. (Acesso em 29 nov. 2010).

Troque ideias com seus colegas:

1. Com qual dessas opiniões você se identifica mais? Por quê?

2. Você acha que a moda:

■ é uma futilidade?

■ é uma forma de expressão pessoal, isto é, de liberdade?

■ é uma forma de "ditadura"?

Depois de debater, escreva nas linhas a seguir os principais argumentos levantados para defender e refutar as ideias.

___

Vamos escrever

Agora você vai fazer como Gloria Kalil: escrever um capítulo de um livro sobre moda e comportamento. Siga os passos abaixo.

1. Inspire-se no debate da seção anterior: você vai tentar convencer seu leitor a adotar ou deixar de adotar determinado comportamento em relação à moda. Por exemplo: não se deixe levar pela "ditadura" – e pelo preconceito – em relação a determinadas escolhas de vestuário.

2. Escolha seu público-alvo. Veja algumas opções:

■ garotos e garotas de 10, 11 anos, isto é, que estão entrando na adolescência;

■ jovens de sua idade que moram em outra cidade e que estariam se preparando para uma viagem de intercâmbio.

3. No início de seu texto, argumente a favor (ou contra) do(o) comportamento em relação à moda que você escolheu defender (ou refutar).

4. Depois, dirija-se a seu leitor, aconselhando-o, dando-lhe dicas de como escapar às "armadilhas" que esse comportamento pode criar.

5. Dê um título a seu texto, envolvendo nele o leitor, como o fez Gloria Kalil.

TEXTOS DE OPINIÃO

VAMOS LER 2

O carioca Afonso Henriques de **Lima Barreto** (1881-1922) é um dos maiores escritores de nossa literatura e um dos precursores do Modernismo. Negro e de origem humilde, enfrentou muitas dificuldades para ter seu talento reconhecido na sociedade preconceituosa da época. Romancista e contista, escreveu também inúmeros textos para jornais e revistas – como a revista *Careta*, na qual foi originalmente publicada a crônica que você vai ler a seguir.

Vestidos *modernos*

SERÁ QUE A ROUPA QUE USAMOS É MESMO CAPAZ DE DIZER QUEM SOMOS?

atavio: adorno, enfeite.

Pedro da Costa Rego: (1889-1954), jornalista, escritor e político.

Nunca foi da minha vocação ser cronista elegante; entretanto, às vezes, me dá na telha olhar os vestidos e atavios das senhoras e moças, quando venho à Avenida. Isso acontece principalmente nos dias em que estou sujo e barbado.

A razão é simples. É que sinto uma grande volúpia em comparar os requintes de aperfeiçoamentos na indumentária, tanto cuidado de tecidos caros que mal encobrem o corpo das "nossas castas esposas e inocentes donzelas", como diz não sei que clássico que Costa Rego citou outro dia, com o meu absoluto relaxamento.

Há dias, saindo de meu subúrbio, vim à Avenida e à rua do Ouvidor e pus-me a olhar os trajes das damas.

Olhei, notei e concluí: estamos em pleno Carnaval.

Uma dama passava com um casaco preto, muito preto, e mangas vermelhas; outra, tinha uma espécie de capote que parecia asas de morcego; ainda outra vestia uma saia patriótica verde e amarelo; enfim, era um dia verdadeiramente dedicado a Momo.

Nunca fui ao clube dos Democráticos, nem ao dos Fenianos, nem ao dos Tenentes; mas estou disposto a apostar que, em dias de bailes entusiásticos nesses templos de folia, os seus salões não se apresentam tão carnavalescos como a Avenida e adjacências nas horas que correm.

BARRETO, Lima. *Toda crônica*. Rio de Janeiro: Agir, 2004. v. 2, p. 536.

Vamos entender o texto

1. A crônica *Vestidos modernos* foi escrita em 1922. É possível, por isso, que algumas de suas passagens pareçam obscuras aos leitores de hoje. Nos itens a seguir, procure inferir, pelo contexto, o significado dos termos destacados, escolhendo a opção que melhor os explica.

A. "Nunca foi da minha vocação ser **cronista elegante** [...]."

☐ Colunista social, isto é, pessoa que escreve em jornais, revistas, *sites*, etc. sobre a vida e os hábitos dos "ricos e/ou famosos".

☐ Homem bem-vestido que se dedica à literatura ou ao jornalismo.

☐ Jornalista que, no exercício de sua profissão, veste-se mal para não ser reconhecido nas ruas e observar o comportamento das pessoas que passam.

B. "[...] enfim, era um dia verdadeiramente dedicado a **Momo**."

☐ Divindade de origem africana que representa o luto e a morte.

☐ Personagem de origem medieval que primava por seu dom de iludir as pessoas a seu redor.

☐ Originalmente um deus da mitologia grega, é hoje símbolo do Carnaval, seu "rei".

C. "Nunca fui ao **clube dos Democráticos**, nem ao dos **Fenianos**, nem ao dos **Tenentes** [...]."

☐ Associações beneficentes que realizavam torneios e bailes cuja renda era revertida para a Igreja católica.

☐ Associações de cunho político que defendiam os valores da família, da moral e dos bons costumes. Foram extintas na década de 1970.

☐ Sociedades que antecederam o aparecimento das primeiras escolas de samba no Rio de Janeiro.

2. Assinale o(s) trecho(s) que "denuncia(m)" que *Vestidos modernos* é um texto de quase cem anos. Em seguida, sublinhe o que chamou sua atenção e o fez escolher a(s) alternativa(s) assinalada(s).

A. ☐ "[...] requintes de aperfeiçoamentos na indumentária, tanto cuidado de tecidos caros [...]."

B. ☐ "[...] pus-me a olhar os trajes das damas."

C. ☐ "Olhei, notei e concluí: estamos em pleno Carnaval."

D. ☐ "Isso acontece principalmente nos dias em que estou sujo e barbado."

3. Transcreva do texto um trecho que revele:

A. que a "Avenida" e a rua do Ouvidor, mencionadas pelo cronista, são lugares em que há grande circulação de pessoas da elite, na época.

_____

_____

B. que o cronista não mora próximo aos lugares mencionados no item A.

_____

_____

C. que o cronista não faz questão de seguir a moda e a aparência dos frequentadores da "Avenida" e da rua do Ouvidor.

_____

_____

4. O autor de *Vestidos modernos* faz uma crítica às roupas das mulheres que passeiam pela "Avenida" e pela rua do Ouvidor. Assinale a(s) alternativa(s) que melhor caracteriza(m) essa crítica.

A. ☐ O cronista diz que elas usam roupas que exibem o corpo, embora se digam "castas esposas" e "inocentes donzelas".

B. ☐ O cronista diz que as roupas usadas pelas mulheres parecem fantasias de Carnaval.

C. ☐ O cronista diz que elas não dão valor a tecidos legitimamente brasileiros, preferindo os provenientes da Europa e do Oriente.

D. ☐ O cronista insinua que elas têm mau gosto e são espalhafatosas.

E. ☐ O cronista diz que elas desfilam pelas ruas sem a companhia de seus maridos, noivos ou irmãos, o que, na época, era considerado um escândalo.

F. ☐ O cronista diz que elas deveriam andar sujas, pois essa era a moda na Europa.

5. Transcreva do texto as passagens em que você se baseou para responder à atividade anterior.

_____
_____
_____
_____

6. Por três vezes o cronista menciona a "Avenida", sem explicitar a que avenida está se referindo. Assinale a(s) alternativa(s) que considerar **menos** plausível(is) para explicar isso.

A. ☐ Era a única avenida da cidade do Rio de Janeiro, na época.

B. ☐ Era a avenida de comércio mais popular da cidade do Rio de Janeiro, na época.

C. ☐ Era a avenida mais chique da cidade do Rio de Janeiro, na época.

D. ☐ Era a avenida-símbolo da modernização da cidade do Rio de Janeiro, na época.

7. Troque ideias com seus colegas sobre as respostas que você deu às atividades anteriores. Será que todos interpretaram da mesma forma as questões levantadas?

Práticas de linguagem

1. Nas crônicas, o autor, partindo de um fato ou de uma situação que viu ou vivenciou, expressa sua visão a respeito de um tema mais amplo, de interesse do leitor do jornal, da revista, do *site*, etc. em que o texto é publicado. Nos trechos a seguir, procure "aproximar" o texto *Vestidos modernos* do leitor atual. Veja, por exemplo, como poderia ficar o título:

Vestidos modernos

A moda das ruas   *Tendências urbanas*

Observe que, conforme a mudança que fizer no texto, você pode torná-lo mais ou menos formal, irônico, preconceituoso, "antenado", etc.

A. "Nunca foi da minha vocação ser **cronista elegante** [...]."

_____
_____
_____

B. "[...] entretanto, às vezes, me dá na telha olhar os **vestidos e atavios** das **senhoras e moças**."

_____
_____
_____

C. "Há dias, saindo de meu subúrbio, vim **à Avenida e à rua do Ouvidor** e pus-me a olhar os **trajes das damas**."

_____
_____
_____

2. Leia as informações do quadro antes de fazer o que se pede.

Pontuação

Na crônica lida, são várias as ocorrências do ponto e vírgula, sinal de pontuação bem menos empregado na maioria dos textos que lemos do que o ponto ou a vírgula, por exemplo. Releia:

"Nunca foi da minha vocação ser cronista elegante; entretanto, às vezes, me dá na telha olhar os vestidos e atavios das senhoras e moças, quando venho à Avenida [...]."

Note que a pontuação foi usada para organizar as informações desse enunciado e, para isso, vale-se da hierarquia entre os três sinais empregados. O **ponto** é o mais forte deles: encerra o período. A **vírgula**, o mais fraco. Entre os dois situa-se o **ponto e vírgula**. Observe o que aconteceria se fosse substituído pelo ponto:

Nunca foi da minha vocação ser cronista elegante. Entretanto, às vezes, me dá na telha olhar os vestidos e atavios das senhoras e moças, quando venho à Avenida.

Essa pontuação está adequada, pois a oração "Nunca foi da minha vocação ser cronista elegante" está gramaticalmente completa. Entretanto, se tivesse feito essa opção, a relação entre as duas informações – nunca ter tido vocação para ser cronista elegante **e** ter vontade de observar os trajes usados pelas mulheres – se enfraqueceria, pois o ponto daria aos dois períodos o mesmo peso, o mesmo grau de autonomia. Agora observe como ficaria o enunciado se o ponto e vírgula fosse substituído por vírgula:

Nunca foi da minha vocação ser cronista elegante, entretanto, às vezes, me dá na telha olhar os vestidos e atavios das senhoras e moças, quando venho à Avenida.

Nesse caso, a pontuação está inadequada, pois compromete a compreensão do enunciado: coube à vírgula organizar todas as informações contidas entre a palavra *nunca* e o ponto-final, e elas têm pesos e autonomias diferentes.

Pontue as frases a seguir, empregando necessariamente a vírgula e o ponto e vírgula. Mantivemos nelas apenas o ponto-final.

A. Mariana adorava doces porém como estava preocupada com sua saúde decidiu não exagerar no consumo de brigadeiros pudins e musses no seu dia a dia.

B. O cinema é uma boa opção de lazer cultural contudo o teatro o circo e a dança também têm seus atrativos apesar de receberem um público bem menor.

C. A tenista sabia que sua adversária estava a um ponto de fechar a partida decidiu então respirar fundo contar até cinco e por fim sacar com todo o efeito que sabia dar à bolinha.

D. O lixo se acumulara em toda a praia para evitar que a situação se agravasse a prefeitura contratou mais garis instalou mais lixeiras e organizou uma campanha de conscientização dos banhistas.

E. Faltavam dois meses para o Natal o comércio local porém já começava a se preocupar em atrair os clientes com promoções decoração natalina e vitrines mais vistosas.

Vamos relacionar os textos

Lima Barreto tem uma posição crítica em relação à moda, em especial à das "damas" da "Avenida" e da rua do Ouvidor.

Essa posição pode soar preconceituosa a nossos olhos de hoje. Contudo, devemos ter em mente a época – início do século XX – e o local – centro "elegante" do Rio de Janeiro – em que a crônica foi escrita.

Levando em conta o que você aprendeu lendo e analisando o texto de Gloria Kalil que abre esta unidade, responda às questões propostas a seguir.

■ É possível perceber, na crônica de Lima Barreto, que, na época em que viveu, a moda era bem mais elitista, voltada quase que exclusivamente às pessoas mais ricas? Transcreva uma passagem do texto que justifique sua resposta.

■ É possível perceber que, na época em que Lima Barreto viveu, havia menos liberdade no uso de vestimentas, maquiagem, acessórios, etc. do que hoje? Explique.

Ampliando horizontes

Não é só no Brasil, claro, que moda e comportamento podem adquirir significados que vão muito além do que se imagina à primeira vista...

Moda e política até o pescoço
SÍMBOLO DA DISCÓRDIA OU SIMPLESMENTE ACESSÓRIO DE MODA?

Os nomes oficiais são vários: *keffiyeh, kufiyah, shemagh, yashmag, ghutra*. Os lenços palestinos e árabes têm o formato de um quadrado, são feitos de algodão e podem ser amarrados de várias maneiras. Originalmente, foram feitos como forma de proteção contra poeira e exposição solar.

Inicialmente um artigo utilitário – tanto que chegou a ser usado por tropas inglesas e americanas quando em combate no solo árabe –, o *keffiyeh* adquiriu conotações políticas que o fazem ser visto como sinal de solidariedade com a causa palestina, ícone pró-militarismo ou até como símbolo do antissemitismo. Neste *blog* você pode acompanhar uma linha do tempo do uso do *keffiyeh*.

Eles eram usados por não árabes desde os anos 1960 e 1970, pessoas, geralmente de esquerda, a favor da emancipação da Palestina. A própria maneira de usá-lo, enrolado no pescoço e formando um triângulo, remete à bandeira palestina. Esse ainda é o motivo político pelo qual ele é usado, exceto que agora o que "tá pegando" é outra coisa: usar pela moda.

A onda foi reiniciada em 2006, quando o Urban Outfitters, um *site* "suuuperdescolado", começou a divulgá-los, vendendo-os sob o rótulo "antiguerra". Depois de alguns protestos de pessoas de ascendência judaica nos Estados Unidos, o *site* parou de vendê-los, desculpando-se por eventuais ofensas. Isso mostra que mesmo o usar pelo usar, sem maiores pretensões, não está dissociado de conotações políticas.

Garota com *keffiyeh* enrolado no pescoço, em foto de 2007.

Aos poucos, a moda tomava as ruas e elevava os preços do artefato. Não demorou muito até surgirem críticas acerca do aspecto puramente mercantil que o lenço estava tomando.

Muito tênue é a linha entre o usar pela moda e o usar pela política. O mero "uso *fashion*" tem significado político. No mínimo, a polêmica incita algum aprendizado sobre a questão. A discussão não é fácil e continua.

Extraoficialmente, os preto e branco são usados por simpatizantes do Fatah, partido de Yasser Arafat. O vermelho, cor símbolo do movimento comunista e de esquerda, estampa os *keffiyehs* dos membros da Organização para a Libertação da Palestina (OLP, ou PLO, em inglês), adquirindo caracteres populares e ligados aos trabalhadores. Os verdes são símbolo de integrantes do Hamas, partido político guerrilheiro que luta contra Israel e pela formação do Estado palestino. O Hamas está na lista de organizações terroristas de alguns países, como Estados Unidos, Israel e Canadá. Essa tipologia não é totalmente aceita pelos palestinos, sendo que usar uma ou outra cor não necessariamente quer dizer que aquele que a usa está ligado a um ou outro grupo político.

Não há como negar a utilidade do item, que é quase um curinga – um *look* mais básico fica atualizado e interessante com ele. Além disso, tanto homens quanto mulheres podem usá-lo e é muito versátil: fica bom debaixo da gola, em cima, com camisetas de manga ou sem. A desvantagem é que não é lá muito confortável em dias quentes, e você sempre corre o risco de ser perguntado: "Ah, e você sabe o que quer dizer, sabe?".

PASINI, Mariana. Disponível em: <http://artedesalto.wordpress.com/2008/04/18/moda-e-politica-ate-o-pescoco>. (Acesso em 30 nov. 2010).

Lenço *keffiyeh* com inspiração palestina.

Esse texto trata do uso de *keffiyeh*, peça carregada de simbologia sobretudo em países mais diretamente envolvidos nos conflitos no Oriente Médio.

Você saberia dar um exemplo de peça de vestuário, acessório, etc. cujo uso dê, no Brasil, margem a tanta polêmica como ocorre com o *keffiyeh*?

Converse a esse respeito com seus colegas.

O arquiteto e artista plástico brasileiro Flávio de Carvalho (1899-1973) foi uma figura polêmica. Em 1956, saiu por uma rua do centro de São Paulo, considerada elegante na época, vestindo o traje masculino que idealizou para o verão brasileiro: saia, blusa, meia de bailarina com sandálias de couro cru.

Vamos escrever

Que tal escrever uma crônica de opinião inspirada na do escritor brasileiro Lima Barreto?

- Imagine que, depois de viajar numa máquina do tempo, você vá parar em algum lugar do passado.

- Você verá como se comportam as pessoas desse lugar e olhará para tudo com seus olhos de jovem do século XXI. Leve em conta o que foi lido, analisado e debatido nesta unidade.

- De volta para o presente, você escreverá sua crônica para o jornal ou *blog* da escola. Conte como foi essa sua incrível experiência.

- Não se esqueça de usar a primeira pessoa e de expressar sua opinião a respeito do que viu e vivenciou.

- Dê um título para sua crônica de opinião.

Autoavaliação e reescrita

Troque sua crônica de opinião com um colega: um vai ler e comentar o texto do outro, a fim de contribuir para torná-lo mais interessante e expressivo. Atentem para os seguintes aspectos:

sim	não	
☐	☐	A crônica é de opinião, isto é, posiciona-se em relação ao tema desenvolvido?
☐	☐	As opiniões estão embasadas em argumentos que o leitor consegue captar?
☐	☐	Você situou o assunto para o leitor?
☐	☐	A linguagem está adequada a seu público, isto é, ao leitor do jornal ou *blog* da escola?
☐	☐	O título está adequado à crônica?

Retome sua crônica de opinião comentada pelo colega e reescreva-a, fazendo as modificações que julgar necessárias. O professor, com a classe, irá escolher a crônica que será publicada no jornal ou *blog* da escola!

TEXTOS DE OPINIÃO

Unidade 8 — ARGUMENTAÇÃO

- **FOCO:** argumentação e efeitos de sentido.
- **GÊNEROS:** a dissertação argumentativa e o conto.
- **PRÁTICAS DE LINGUAGEM:** silogismo; pronome relativo e conjunção integrante; discurso indireto livre.

VAMOS LER 1

Ronaldo Gusmão é presidente do Instituto de Educação Tecnológica (IETEC), coordenador-geral da Conferência Latino-Americana sobre Sustentabilidade (Ecolatina) e vice-presidente da Sociedade Mineira de Engenheiros (SME).

Educação e inovação *para todos*

BASEADO EM DADOS ESTATÍSTICOS, O TEXTO QUE VOCÊ VAI LER FALA O QUANTO O BRASIL DEVE AINDA INVESTIR NAS PESSOAS, INCENTIVANDO SUA CRIATIVIDADE E AUMENTANDO SUA CAPACIDADE DE INOVAÇÃO.

O discurso da inovação está em todos os lugares: nos governos estaduais recém-empossados, em vários ministérios do governo federal, na Confederação Nacional da Indústria (CNI) e nas federações estaduais. Mas por que esse discurso, ou melhor, as práticas inovadoras não mobilizam os profissionais da educação e suas instituições?

Países desenvolvidos que já deram um salto educacional têm incentivado a criatividade e incrementado a capacidade de inovar de seus estudantes e professores. Isso acontece porque tais nações já perceberam

Grupo de estudantes adolescentes numa aula de Ciências com a professora.

Indústria de carro.

que estamos em uma sociedade do conhecimento, na qual a informação é matéria-prima abundante que precisa ser transformada pela criatividade e pelo espírito inovador em serviços e produtos.

No último Programa Internacional de Avaliação de Aluno (Pisa) — que mede a capacidade de leitura e o aprendizado de estudantes de 15 anos de idade sobre matemática e ciências de 65 países —, o Brasil ocupou a vergonhosa 53ª posição. Numa tentativa de melhorar a educação no país, o governo federal encaminhou para aprovação do Congresso o Plano Nacional de Educação para os próximos 10 anos. Esse plano pretende fixar o investimento na área em 7% do PIB, dois pontos percentuais acima do praticado atualmente.

O aumento é necessário

Sem educação não há mão de obra qualificada, sem qualificação não há melhores salários. Ou seja, sem educação e qualificação continuaremos com sérios problemas de distribuição de renda no país. O problema vai além e é cíclico. Sem educação e qualificação estamos, ainda, fadados a inovar cada vez menos, movimento que reduz a competitividade nacional. Como consequência, os salários diminuem e cresce a má distribuição da renda. Voltamos, portanto, ao início da questão.

A Pesquisa de Inovação Tecnológica (Pintec), realizada pelo Instituto Brasileiro de Geografia e Estatística (IBGE) e divulgada recentemente, mostrou que, das 106,8 mil empresas pesquisadas, 41,3 mil implementaram um produto e/ou processo novo entre 2006 e 2008. O percentual de empresas que investem vem caindo ao longo das quatro edições: de 1988 a 2000, 10,29%; de 2001 a 2003, 5,8%; de 2003 a 2005, 5,5%; e de 2005 a 2008, 4,2%.

Em relação à quantidade de patentes registradas no país, os números são positivos, mas não suficientes. De acordo com o Instituto Nacional de Propriedade Intelectual (INPI), o número de patentes brasileiras cresceu 75% entre 2005 e 2009, saltando de 9,643 mil para 16,878 mil, contra as 300 mil patentes requeridas pela China no mesmo período. Porém, os asiáticos não estão satisfeitos. Até 2015, a China tem como objetivo requerer 1 milhão de patentes ao ano.

Se a indústria brasileira já sofre com a ameaça dos produtos chineses, imagine como será no futuro. Imaginou? Ótimo. Agora, aja. Faça, hoje, o necessário para evitar os males de amanhã. É necessário investir, hoje, em qualificação de mão de obra, principalmente no que diz respeito à gestão da inovação. O brasileiro é um povo criativo, tem garra. Falta, porém, conhecimento para transformar as ideias em projetos que tragam resultados concretos. Educação e inovação para todos, dos estudantes aos professores, dos empresários aos políticos.

GUSMÃO, Ronaldo. Disponível em: <http://www.protec.org.br/artigos.php>. (Acesso em 13 jun. 2011).

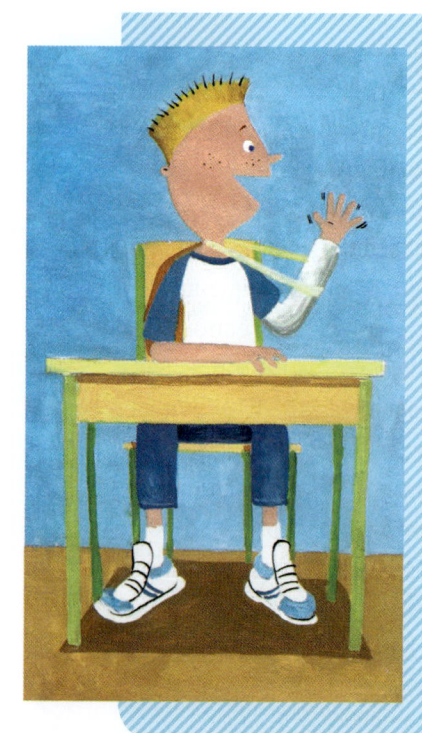

Mobilizar:
movimentar(-se); mover(-se).
Mesmo depois do acidente, conseguia **mobilizar** os dedos da mão.

Mobilizar:
conclamar (pessoas) a participar de uma atividade social, política ou de outra natureza, insuflando-lhes entusiasmo, vontade, etc.
"[...] por que [...] as práticas inovadoras não **mobilizam** os profissionais da educação e suas instituições?"

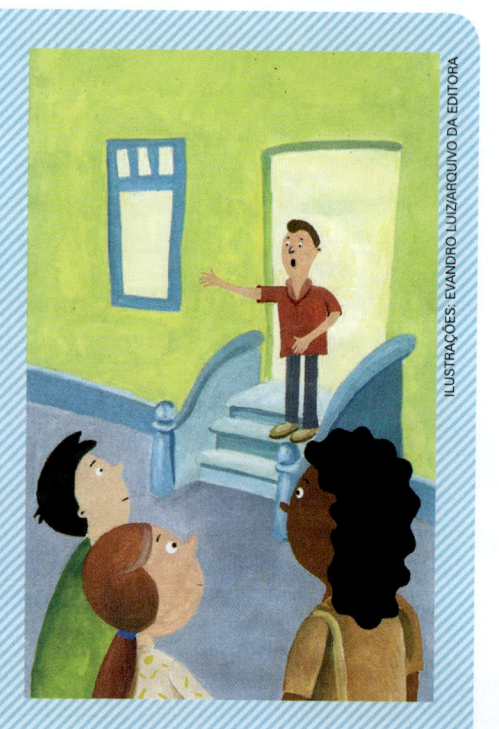

PIB (Produto Interno Bruto)

É a soma de todos os serviços e bens produzidos num período (mês, semestre, ano) numa determinada região (país, estado, cidade, continente). O PIB é expresso em valores monetários (no caso do Brasil, em reais). Ele é um importante indicador da atividade econômica de uma região, representando o crescimento econômico. Vale dizer que no cálculo do PIB não são considerados os insumos de produção (matérias-primas, mão de obra, impostos e energia).

A fórmula para o cálculo do PIB de uma região é a seguinte: PIB = C + I + G + X – M. Em que C (consumo privado), I (investimentos totais feitos na região), G (gastos dos governos), X (exportações) e M (importações).

O PIB *per capita* (por pessoa), também conhecido como renda *per capita*, é obtido ao se dividir o PIB de uma região pelo número de habitantes desta região.

O PIB do Brasil no ano de 2010, em valores correntes, foi de R$ 3,675 trilhões (crescimento de 7,5 % sobre o ano de 2009).

Disponível em: <http://www.suapesquisa.com/o_que_e/pib.htm>. (Acesso em 21 jun. 2011).

Vamos entender o texto

Antes de fazer as atividades propostas a seguir, leia o quadro abaixo.

Num texto escrito, **argumentar** é expor algum assunto de modo sistemático, ordenando as ideias com base em um tema previamente definido com a finalidade de esclarecer e ao mesmo tempo fundamentar um ponto de vista sobre um determinado assunto. Num texto argumentativo, a intenção de quem escreve é tanto comunicar algo quanto convencer o leitor do que se diz. No entanto, como o único recurso de que o escritor dispõe é a palavra, certos procedimentos relativos à estrutura e ao encadeamento dos parágrafos devem ser seguidos para conduzir o leitor aos resultados que se deseja.

1. O autor inicia o texto fazendo uma afirmação positiva sobre o discurso da inovação, que acontece em várias esferas da sociedade brasileira. Porém no segundo período, ao introduzir a conjunção *mas* e propor um questionamento, a expectativa inicial é interrompida. Qual é a intenção do autor ao proceder desse modo?

_____

_____

_____

2. Para fundamentar sua opinião a respeito das práticas inovadoras e de quem elas devem atingir, o autor faz a explanação do tema apresentando a experiência dos países desenvolvidos. Preencha o quadro abaixo destacando cinco argumentos do segundo parágrafo apresentados pelo autor:

ORDEM DOS ARGUMENTOS	TIPO DE ARGUMENTO
1º argumento	
2º argumento	
3º argumento	
4º argumento	
5º argumento	

3. O que o autor faz no terceiro parágrafo para comprovar ou corroborar sua opinião a respeito da necessidade de um "salto educacional" no Brasil?

_____

_____

_____

4. Ainda no mesmo parágrafo, que informação o autor apresenta para confirmar seu ponto de vista sobre o investimento na educação brasileira?

_____

_____

_____

5. Diante do salto educacional dos países desenvolvidos e da posição do país no Pisa, o autor parte para uma conclusão parcial de seu raciocínio. Esse procedimento é justificado pelo tema dos parágrafos subsequentes. Responda à questão de acordo com o quarto parágrafo: o que é necessário, segundo o autor, para aumentar a capacidade de inovação no país?

_____

_____

_____

6. Para mostrar a urgência em aumentar o investimento na educação brasileira, o autor ilustra o problema apresentando novos dados. Que dados são esses? E qual é a intenção do autor? Antes de responder às duas questões, preencha o quadro conforme as informações do quinto parágrafo.

EDIÇÕES DO PINTEC	PERCENTUAL DE INVESTIMENTO
1988 – 2000	
2001 – 2003	
2003 – 2005	
2005 – 2008	

_____

_____

_____

7. No penúltimo parágrafo, o autor traz mais dados para provar que o Brasil deve sair do discurso da inovação e partir para as práticas inovadoras. Como ele estrutura o parágrafo para argumentar que o país, embora tenha inovado, precisa investir bem mais em tecnologia?

_____
_____
_____
_____
_____

8. Como o autor conclui o seu argumento? Responda fazendo uma oração com as palavras *educação* e *inovação* do último parágrafo.

_____
_____
_____
_____

Práticas de linguagem

Silogismo

Busto de Sócrates, obra de Lisipo (cópia do original), séc. IV a.C.

MUSEU DO LOUVRE, PARIS/ GIRAUDON/ART RESOURCE

Silogismo é uma forma de raciocínio ou argumentação formada por três afirmações ou proposições. As duas primeiras são chamadas de premissas; por meio delas se obtém, por inferência, uma terceira, a conclusão. O silogismo se estrutura em premissa maior, premissa menor e conclusão. A premissa maior é sempre universal ou generalizante:

Todo homem é mortal;

A premissa menor é sempre particular ou individualizante. Para formar a premissa menor, é necessário que o sujeito da premissa maior, nesse caso, *homem*, seja o predicado da premissa menor:

Sócrates é homem;

Pela relação entre as duas premissas, a maior e a menor, chega-se à conclusão:

Sócrates é mortal.

Para que o silogismo seja válido e verdadeiro, precisa haver um elemento comum entre a premissa maior e a menor, denominado *termo médio*. No silogismo citado, o termo médio é *homem*. É comum serem colocadas as conjunções *ora* e *logo* na premissa menor e na conclusão, respectivamente, para se montar o raciocínio lógico. Assim, as partes do silogismo devem ser estruturadas da seguinte forma:

Todo homem é mortal;
ora, Sócrates é homem;
logo, Sócrates é mortal.

1. Transforme as declarações generalizantes abaixo num silogismo. Lembre-se de que o sujeito da premissa maior deve ser o objeto da premissa menor, também chamado de termo médio. Monte os raciocínios considerando a opinião do autor do texto 1:

A. Todo país que quer dar um salto educacional deve incentivar a criatividade e incrementar a capacidade de inovação. (2º parágrafo)

Premissa maior: _____

_____

Premissa menor: Ora, o Brasil é um país _____

_____

Conclusão: Logo, o Brasil deve _____

_____

B. Todo país que quer transformar informação em serviços e produtos deve cultivar a criatividade e o espírito inovador de seus estudantes e professores. (2º parágrafo)

Premissa maior: _____

_____

Premissa menor: _____

_____

Conclusão: _____

C. Todo país que investe pouco na educação e na qualificação tem sérios problemas de distribuição de renda. (4º parágrafo)

Premissa maior: _____

Premissa menor: _____

Conclusão: _____

D. Todo país que sofre com a ameaça de produtos estrangeiros deve investir na qualificação de mão de obra. (7º parágrafo)

Premissa maior: _____

Premissa menor: _____

Conclusão: _____

2. Transforme, agora, a premissa menor e a conclusão dos exercícios anteriores num período composto, utilizando a conjunção condicional *se*. Verifique o exemplo:

Se o Brasil quer dar um salto educacional, ele deve incentivar a criatividade e incrementar a capacidade de inovação.

A. _____

B. _____

C. _____

3. Usos do **que**: pronome relativo ou conjunção integrante

Nas orações a seguir, o **que** está sendo empregado ora como pronome relativo, ora como conjunção integrante. Quando é pronome relativo, retoma um termo anterior; quando é conjunção integrante, completa o sentido de um verbo transitivo. Assim, no primeiro caso, como pronome, introduz uma oração subordinada adjetiva; no segundo, como conjunção, introduz uma oração subordinada substantiva objetiva direta.

Indique se se trata de pronome relativo ou conjunção integrante. Se for pronome relativo, coloque o nome a que se refere; se for conjunção integrante, qual verbo ela complementa. Depois, escreva a oração subordinada correspondente e classifique-a:

A. "Países desenvolvidos **que** já deram um salto educacional têm incentivado a criatividade e incrementado a capacidade de inovar de seus estudantes e professores. [...]"

_____

_____

_____

B. "[...] tais nações já perceberam **que** estamos em uma sociedade do conhecimento [...]."

_____

_____

_____

C. "[...] estamos em uma sociedade do conhecimento na qual a informação é matéria-prima abundante **que** precisa ser transformada [...]."

_____

_____

_____

D. "No último Programa Internacional de Avaliação de Aluno (Pisa) – **que** mede a capacidade de leitura e o aprendizado de estudantes de 15 anos [...]."

_____

_____

_____

E. "A Pesquisa de Inovação Tecnológica [...] mostrou **que**... 41,3 mil implementaram um produto e/ou processo novo entre 2006 e 2008."

_____

_____

_____

F. "O percentual de empresas **que** investem vem caindo ao longo das quatro edições [...]."

_____

Conexão com Educação
Ranking do Brasil no Pisa* – 2009

O texto 1 fala do relatório do Pisa para mostrar a posição do país frente aos 65 países que participaram da avaliação. Comparado com a China, o Relatório do Programa Internacional de Avaliação de Alunos (Pisa, na sigla em inglês) revela um dado pouco animador para o Brasil: o país continua abaixo da média mundial em leitura, matemática e ciência. Confira os números:

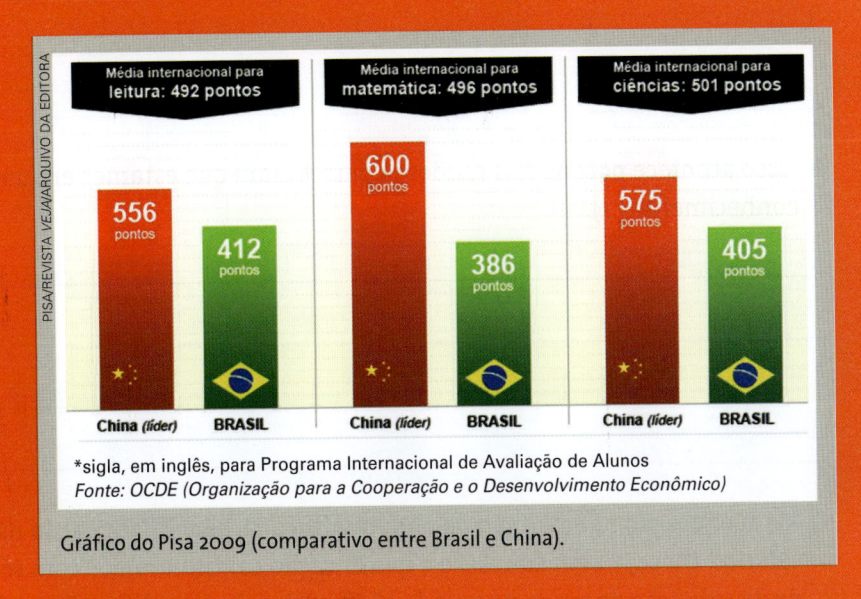

Média internacional para leitura: 492 pontos	Média internacional para matemática: 496 pontos	Média internacional para ciências: 501 pontos
China (líder): 556 pontos / BRASIL: 412 pontos	China (líder): 600 pontos / BRASIL: 386 pontos	China (líder): 575 pontos / BRASIL: 405 pontos

*sigla, em inglês, para Programa Internacional de Avaliação de Alunos
Fonte: OCDE (Organização para a Cooperação e o Desenvolvimento Econômico)

Gráfico do Pisa 2009 (comparativo entre Brasil e China).

Disponível em: <http://veja.abril.com.br/noticia/educacao/pisa-2009/>. (Acesso em 17 jun. 2011). Adaptado.

Vamos conversar

Em língua portuguesa, as conjunções funcionam como operadores argumentativos, criando determinados efeitos de sentido entre as partes das orações conforme o grau de importância dado ao assunto e a intenção de quem fala ou escreve. Por exemplo, na oração:

*Os números são positivos, **mas** não suficientes.*

a conjunção **mas** introduz uma ideia contrária à primeira parte da sentença, estabelecendo uma relação de oposição ou contrariedade. Para quem escreve, a intenção é ressaltar a segunda parte da sentença, isto é, o fato de os números não serem suficientes. Nesse caso, a comprovação do argumento é confirmada por meio de dados estatísticos. Assim, a condição para a consistência do argumento não se restringe unicamente à correta utilização dos operadores argumentativos; mas acontece pela relação entre o uso adequado desses operadores argumentativos e a apuração dos fatos relativos ao tema em discussão.

Leia as orações abaixo e discuta o tipo de argumento das conjunções destacadas. Observe o texto 1 para facilitar sua análise:

A. "**Mas por que** esse discurso, ou melhor, as práticas inovadoras não mobilizam os profissionais da educação e suas instituições?"

_____
_____
_____

B. "Isso acontece **porque** tais nações já perceberam que estamos em uma sociedade do conhecimento [...]."

_____
_____
_____

C. "Sem educação não há mão de obra qualificada, sem qualificação não há melhores salários. **Ou seja**, sem educação e qualificação continuaremos com sérios problemas de distribuição de renda no país. [...] Sem educação e qualificação estamos, **ainda**, fadados a inovar cada vez menos [...]. **Como consequência**, os salários diminuem e cresce a má distribuição de renda. Voltamos, **portanto**, ao início da questão."

_____
_____
_____
_____
_____
_____

D. "**Se** a indústria brasileira **já** sofre com a ameaça dos produtos chineses, **imagine** como será no futuro."

_____
_____

Vamos escrever com esquema

Continuando a reflexão sobre o tema do texto 1, desenvolva o esquema a seguir. A estrutura do esquema deve levar à produção de uma dissertação argumentativa. Portanto, procure expor suas ideias, analisá-las, discuti-las e, por fim, chegar a uma boa conclusão. O título pode ser: "Novos projetos para o Brasil".

Grupo de estudantes na sala de aula.

Introdução

A educação brasileira sempre foi _____

_____

para _____

_____ .

Desenvolvimento

Atualmente, _____

_____

uma vez que _____

_____ .

No futuro, _____

se _____

_____ .

Muitos dizem _____ ,

pois _____ .

ARGUMENTAÇÃO

Não resta dúvida de que _____

já que _____
_____.

No entanto, _____
_____.

Por exemplo, _____
_____.

Ainda que _____
_____.

(não haverá) _____.

Conclusão É por isso que _____
_____
_____

desde que _____.

Vamos pesquisar

Em grupo, faça uma pesquisa em seu bairro com sua família, vizinhos, parentes ou conhecidos. Colha opiniões a respeito da escolarização da pessoa pesquisada. Para fazer a entrevista, siga o roteiro:

- Nível de escolarização da pessoa.
- O que pensa do apoio do governo: federal, estadual e municipal para a educação.
- Se entrevistar uma pessoa idosa, pergunte se a escolarização que ela teve foi útil para o exercício da profissão. Peça a ela que justifique a resposta.
- Que tipo de leituras precisou fazer ao longo da vida escolar e de qual gosta mais e por quê.
- Que lembranças tem do tempo de estudante, principalmente sobre o que aprendia.
- O que seria necessário para o país dar um avanço educacional.

Após a pesquisa, produza um texto, colocando em evidência os dados captados durante as entrevistas. Dê sua opinião sobre o assunto, procurando argumentar de maneira clara e objetiva. Discuta em sala o resultado da pesquisa e os argumentos discutidos no texto.

Vamos escrever

Nesta unidade, você observou que para redigir um texto argumentativo é preciso conhecer o que se quer dizer e organizar as ideias de forma a serem fundamentadas ao longo da produção do texto. Para ter bom argumento, não basta usar bem as palavras, mas se basear em dados que comprovem ou confirmem um determinado ponto de vista.

Agora é a sua vez!

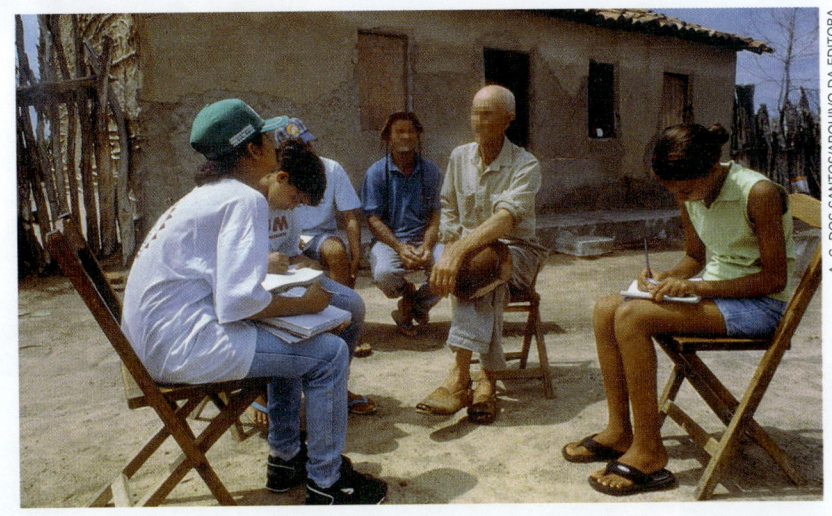

Alunos da escola rural de Massaroca, distrito de Juazeiro, BA, fazendo pesquisa de campo, 1998.

Você vai escrever um texto argumentativo apresentando sua opinião sobre algum tema que você gostaria de discutir. Você pode se preparar antes de iniciar seu texto, apurando as suas ideias. Eis algumas dicas para embasar a sua dissertação:

- primeiro, pense em algum tema e o que você gostaria de discutir sobre ele;
- depois, converse com as pessoas (mas sem contar o que você vai escrever!) e verifique o que elas pensam ou sabem sobre o assunto (seus colegas, seus pais, seus parentes, seus vizinhos, etc);
- depois, vá a uma biblioteca: leia jornais, revistas, livros, etc. para saber mais sobre o assunto que você vai abordar e para haver consistência quando for escrever seu texto;
- anote num papel as informações que você vai usar para comprovar o seu ponto de vista;
- terminada essa etapa, decida o número de parágrafos de seu texto e o que você vai escrever em cada um deles;
- relacione as palavras que você vai usar: os verbos, os nomes e os operadores argumentativos ideais para o seu texto;
- na hora de redigir, monte parágrafos nem tão curtos nem tão longos, com no máximo cinco linhas, usando as informações que você obteve na biblioteca e das pessoas;
- terminada a redação, dê um título a seu texto;
- conte para a classe como foi a experiência de fazer a sua pesquisa;
- por fim, leia o texto!

ARGUMENTAÇÃO

VAMOS LER 2

João Guimarães Rosa nasceu em Cordisburgo (MG), em 1908. Médico e diplomata, é um dos autores mais importantes da literatura em língua portuguesa, sobretudo por sua obra em prosa (romances, novelas e contos), embora sua estreia como escritor tenha se dado pela obra *Magma*, de poesia, em 1936. Morreu em 1967.

EVANDRO LUIZ/ARQUIVO DA EDITORA

Miguilim

MIGUILIM TEM 8 ANOS E VIVE NO MUTUM, LUGAREJO PERDIDO NO MEIO DO SERTÃO E QUE É SEU MUNDO, AO MESMO TEMPO MINÚSCULO E ENORME DIANTE DE SEUS OLHOS DE MENINO...

De repente lá vinha um homem a cavalo. Eram dois. Um senhor de fora, o claro de roupa. Miguilim saudou, pedindo a bênção. O homem trouxe o cavalo cá bem junto. Ele era de óculos, corado, alto, com um chapéu diferente, mesmo.

— Deus te abençoe, pequenininho. Como é teu nome?

— Miguilim. Eu sou irmão do Dito.

— E o seu irmão Dito é o dono daqui?

— Não, meu senhor. O Ditinho está em glória.

O homem esbarrava o avanço do cavalo, que era zelado, manteúdo, formoso como nenhum outro. Redizia:

— Ah, não sabia, não. Deus o tenha em sua guarda... Mas, que é que há, Miguilim?

Miguilim queria ver se o homem estava mesmo sorrindo para ele, por isso é que o encarava.

— Por que você aperta os olhos assim? Você não é limpo de vista? Vamos até lá. Quem é que está em tua casa?

— É Mãe, e os meninos...

zelado: bem cuidado.

manteúdo: diz-se de animal forte e gordo, apesar da idade ou de não se alimentar muito bem.

camarada: trabalhador rural.

Estava Mãe, estava Tio Terez, estavam todos. O senhor alto e claro se apeou. O outro, que vinha com ele, era um **camarada**. O senhor perguntava à Mãe muitas coisas do Miguilim. Depois perguntava a ele mesmo: — "Miguilim, espia daí: quantos dedos da minha mão você está enxergando? E agora?"

Miguilim espremia os olhos. Drelina e Chica riam. Tomezinho tinha ido se esconder.

— Este nosso rapazinho tem a vista curta. Espera aí, Miguilim...

E o senhor tirava os óculos e punha-os em Miguilim, com todo o jeito.

— Olha, agora!

Miguilim olhou. Nem não podia acreditar! Tudo era uma claridade, tudo novo e lindo e diferente, as coisas, as árvores, as caras das pessoas. Via os grãozinhos de areia, a pele da terra, as pedrinhas menores, as formiguinhas passeando no chão de uma distância. E tonteava. Aqui, ali, meu Deus, tanta coisa, tudo... O senhor tinha retirado dele os óculos, e Miguilim ainda apontava, falava, contava tudo como era, como tinha visto. Mãe esteve assim assustada; mas o senhor dizia que aquilo era do modo mesmo, só que Miguilim também carecia de usar óculos, dali por diante. O senhor bebia café com eles. Era o doutor José Lourenço, do Curvelo. Tudo podia. Coração de Miguilim batia descompasso, ele careceu de ir lá dentro, contar à Rosa, à Maria Pretinha, à Mãitina. A Chica veio correndo atrás, mexeu: — "Miguilim, você é piticego..." E ele respondeu: — "Donazinha..."

Quando voltou, o doutor José Lourenço já tinha ido embora.

— "Você está triste, Miguilim?" — Mãe perguntou.

Miguilim não sabia. Todos eram maiores do que ele, as coisas reviravam sempre dum modo tão diferente, eram grandes demais.

— Pra onde ele foi?

— A foi p'ra a Vereda do Tipã, onde os caçadores estão. Mas amanhã ele volta, de manhã, antes de ir s'embora para a cidade. Disse que, você querendo, Miguilim, ele junto te leva... — O doutor era homem muito bom, levava o Miguilim, lá ele comprava uns óculos pequenos, entrava para a escola, depois aprendia ofício. — "Você mesmo quer ir?"

Miguilim não sabia. Fazia peso para não soluçar. Sua alma, até ao fundo, se esfriava. Mas Mãe disse:

— Vai, meu filho. É a luz dos teus olhos, que só Deus teve poder para te dar. Vai. Fim do ano, a gente puder, faz a viagem também. Um dia todos se encontram...

ROSA, João Guimarães. Campo geral. In: *Manuelzão e Miguilim*. Rio de Janeiro: Nova Fronteira, 2002.

Vamos entender o texto

1. Esse texto é um trecho de uma novela, mais precisamente sua parte final, embora se sigam ainda alguns parágrafos a ele, na obra original.

A. O ambiente onde se passam as cenas é urbano ou rural? Justifique sua resposta.

_____
_____

B. Quem são as personagens principais desse trecho?

_____

C. Qual a provável profissão do doutor José Lourenço?

_____

D. Drelina, Chica e Tomezinho são irmãos de Miguilim. Levando em conta o contexto, explique por que se pode inferir que essas personagens são crianças.

_____
_____
_____
_____

E. Outro irmão de Miguilim é mencionado no texto. Qual o seu nome? O que aconteceu com ele?

_____

F. Boa parte da cena descrita no texto se passa na casa de Miguilim. Destaque palavras ou trechos que expressem intimidade, aconchego.

_____
_____
_____
_____

2. Nesse trecho da novela de Guimarães Rosa, Miguilim, depois de viver muitas coisas em sua pequena Mutum, está prestes a ir para uma cidade maior, para estudar.

A. Em que trecho essa intenção é explicitada?

_____
_____

B. Na escola, o menino vai aprender, entre outras coisas, a ler e a escrever. Que descoberta o doutor faz, ao redor da qual o texto gira e que certamente ajudará Miguilim em sua nova fase de vida?

_____

_____

C. Copie do texto as expressões usadas para se referirem ao problema de vista de Miguilim.

_____

_____

3. Embora narrado em terceira pessoa, o texto 2 adota o ponto de vista de sua personagem principal, Miguilim, expressando seus sentimentos, reflexões, etc. Releia as duas primeiras frases do texto, nas quais já é possível perceber que Miguilim não enxerga bem:

De repente lá vinha um homem a cavalo. Eram dois.

Explique como isso se dá.

_____

_____

_____

_____

4. Imagine que o autor, em vez de usar esse recurso, tivesse começado seu texto deste modo:

Miguilim, por ser míope, só percebeu a chegada dos dois forasteiros depois que eles já estavam bem perto.

O que essa mudança acarretaria na criação da atmosfera do texto, em sua opinião?

_____

_____

_____

_____

_____

ARGUMENTAÇÃO

Práticas de linguagem

Discurso indireto livre

Como vimos, o texto 2 adota o ponto de vista de sua personagem principal, Miguilim, apesar de ser narrado em terceira pessoa. Um dos recursos usados pelo autor para expressar o olhar do protagonista é o chamado discurso indireto livre, que mistura as características dos discursos direto e indireto. Releia:

"Miguilim olhou. *Nem não podia acreditar!* Tudo era uma claridade, tudo novo e lindo e diferente, as coisas, as árvores, as caras das pessoas. Via os grãozinhos de areia, a pele da terra, as pedrinhas menores, as formiguinhas passeando no chão de uma distância. E tonteava. *Aqui, ali, meu Deus, tanta coisa, tudo...*"

Observe que, depois de anunciar, na terceira pessoa, que Miguilim olhou, o narrador parece que passa a palavra ao menino, que não se contém de espanto e alegria diante das coisas que antes via embaçadamente e que, com os óculos emprestados do doutor, passa a ver com detalhes. Em "Nem não podia acreditar!", quem exclama é Miguilim, com sua linguagem de criança, apesar de a frase estar na terceira pessoa.

No discurso indireto livre, os chamados verbos *dicendi* – como *dizer*, *falar*, *pensar*, *exclamar*, etc. – não estão presentes, mas implícitos, pelo contexto e pelo tom.

1. A seguir apresentamos alguns trechos de textos literários narrados em terceira pessoa. Junto com um colega, assinalem o item no qual o discurso indireto livre é empregado.

A. ☐ "Leninha saiu chateada, mas sem coragem de demonstrar. 'Vamos pegar um táxi', ela disse. 'Por quê?', perguntei, 'não sou rico para andar de táxi.' Esperei que ela dissesse 'o dinheiro é meu', mas ela não disse; insisti: 'Você é boa demais para andar de ônibus, não é?'; ela continuou calada; não desisti: 'Você é uma mulher fina'; – de classe; – 'de categoria'. Então ela falou, calma, a voz ereta, como se nada houvesse: 'Vamos de ônibus'." (Rubem Fonseca, "A força humana")

B. ☐ "Pouco depois, tendo despido o pijama, dirigiu-se ao banheiro para tomar um banho, mas a mulher já se trancara lá dentro. Enquanto esperava, resolveu fazer um café. Pôs a água a ferver e abriu a porta de serviço para apanhar o pão. Como estivesse completamente nu, olhou com cautela para um lado e para outro antes de arriscar-se a dar dois passos até o embrulhinho deixado pelo padeiro sobre o mármore do parapeito. Ainda era muito cedo, não poderia aparecer ninguém. Mal seus dedos, porém, tocavam o pão, a porta atrás de si fechou-se com estrondo, impulsionada pelo vento." (Fernando Sabino, *O homem nu*)

C. ☐ "Se pudesse economizar durante alguns meses, levantaria a cabeça. Forjara planos. Tolice, quem é do chão não se trepa. Consumidos os legumes, roídas as espigas de milho, recorria à gaveta do amo, cedia por preço baixo o produto das sortes. Resmungava, rezingava, numa aflição, tentando espichar os recursos minguados, engasgava-se, engolia em seco." (*Vidas secas*, Graciliano Ramos)

2. Ainda junto com seu colega:

A. copiem o trecho do item da atividade 1 em que o discurso indireto livre aparece.

B. transforme o trecho em discurso direto, acrescentando aspas e/ou verbos *dicendi*.

Casa do escritor João Guimarães Rosa, em Cordisburgo, Minas Gerais.

3. Guimarães Rosa é conhecido por sua linguagem incomum. Estudioso de várias línguas e profundamente ligado a sua região natal – o interior de Minas Gerais –, em seu texto se misturam neologismos, palavras arcaicas, eruditas ou estrangeiras e construções e expressões típicas do falar de sua terra. Isso muitas vezes causa estranheza ao leitor, que, no entanto, depois de "embrenhar-se" por alguns parágrafos ou páginas do universo desse escritor, acaba por familiarizar-se com ele – e, não raro, apaixonar-se por ele. Copie do texto 2 passagens em que você "estranhou" a linguagem do texto.

4. Agora, reescreva os fragmentos abaixo, alterando-os para uma forma mais usual:

A. "[...] o claro de roupa"

B. "Ele era de óculos, [...]"

C. "Pequeninho"

D. " O Ditinho está em glória."

E. "Redizia:"

F. "Você não é limpo de vista?"

G. "É Mãe, e os meninos..."

H. " Tem a vista curta"

I. "Mãe esteve assim assustada"

J. "Ele junto te leva"

K. "Fim do ano, a gente puder, faz a viagem também"

L. "Mas o senhor dizia que aquilo era do modo mesmo"

ARGUMENTAÇÃO

Conexão com Artesanato
Elas bordam Guimarães Rosa

Mulheres do Grupo Teia de Aranha traduzem, de forma lúdica, uma das mais belas obras da literatura brasileira — *Grande sertão: veredas*.

Assim como Guimarães Rosa tecia cada palavra com extremo requinte e originalidade, as bordadeiras recriam em imensos painéis ou ainda em retalhos de tecido o universo desse mago da linguagem. Sim, o sertão também está dentro delas, funcionárias públicas, professoras aposentadas. Aninhou-se ali em 2001, tomando posse do acalentado desejo do grupo de fazer trabalhos manuais. O primeiro fio dessa delicada teia foi urdido pela estudiosa da obra Neuma Cavalcante, que encontrou no universo do autor a essência para um trabalho coletivo. E foi desse modo que o grupo se embrenhou pelas páginas de *Grande sertão: veredas* e por muitas outras paragens...

E é verdade verdadeira que Nivea, Rioco, Rosa, Cristina, Maria Alice e Bete não sabiam bordar nadinha. Elas confessam. Mesmo assim, encantaram-se com a ideia de Neuma de formar o grupo. O assunto nem bem tinha se assentado quando se depararam com um grande desafio: montar seis painéis que servissem de cenário para as contadoras de história Dôra Guimarães e Elisa Almeida. Em seis meses, o *Grande sertão: veredas* bordado embarcava para Portugal. A teia não parou mais de crescer. Se alastrou por Cordisburgo, terra natal de Guimarães Rosa, Morro da Garça, em Minas Gerais, e até no Ceará, onde Neuma tece outro pedaço dessa trama.

"O sertão no olhar de Guimarães é universal. Elemento de reflexões do homem com ele mesmo", diz Beth. "Ele era um estudioso da língua, da formação das palavras", completa Rosa. É com essa alma sempre maravilhada que as mulheres da Teia se reúnem uma vez por semana. Nesse dia, pesquisam a vida e a obra do autor, elaboram os riscos e bordam, bordam, bordam... Cada uma pega uma parte do pano, faz o ponto que não tem nome, troca prosas sobre a vida e alegra-se com o resultado de tantas histórias passadas na linha. Ao término de cada encontro, o efeito é grandioso. Afinal, essa teia quer apenas regalar corações e mentes.

BARDOSA, Lyna. Disponível em: <http://planetasustentavel.abril.com.br/noticia/cultura/conteudo_285588.shtml>. (Acesso em 21 jun. 2011).

Mulheres do grupo Teia de Aranha traduzem, de forma lúdica, uma das mais belas obras da literatura brasileira – *Grande sertão: veredas*.

Vamos conversar

Como você viu, o texto 2, ambienta-se quase todo na casa de Miguilim e seus arredores, o que lhe confere uma atmosfera de intimidade e aconchego. Por outro lado, há elementos e passagens nas quais é possível perceber que o mundo de Miguilim, apesar de pequeno como sua Mutum, lhe parece grandioso, místico, beirando o assustador. Converse com seus colegas a respeito das afirmações a seguir, a fim de perceber de que modo elas ajudam a construir essa atmosfera ao texto.

A. Miguilim apresenta-se ao doutor como irmão de Dito, que "está em glória" – isto é, no além, no Paraíso.

B. A referência à personagem Mãe é sempre grafada com a inicial em letra maiúscula.

C. Na primeira aparição do doutor, este está a cavalo, isto é, muito alto em relação ao pequeno Miguilim, e esta impressão de grandeza em relação ao forasteiro permanece ao longo de todo o texto, o que se pode resumir por este trecho: "Tudo podia".

D. O texto termina com palavras da Mãe, que soam como uma profecia: "Vai, meu filho. É a luz dos teus olhos, que só Deus teve poder para te dar. Vai. Fim do ano, a gente puder, faz a viagem também. Um dia todos se encontram..."

Vamos relacionar os textos

1. No texto 1, *Educação e inovação para todos*, o autor parte de dados extraídos da realidade para compor seu argumento a respeito dos desafios do Brasil. Complete o quadro com um adjetivo para caracterizar as três situações atuais do país apresentadas pelo autor:

BASE DO ARGUMENTO	SITUAÇÃO ATUAL
posição do país no Pisa	
investimento em inovação tecnológica	
número de patentes registradas no país	

Com base nos três itens apontados acima, a que conclusão o autor chega?

_____
_____
_____
_____

2. Antes de fazer a atividade, leia o quadro a seguir:

> A **alegoria** é uma figura de linguagem que consiste em mostrar uma coisa pelas palavras e outra pelo sentido. Trata-se de um recurso de linguagem usado para intensificar certas noções ou conceitos abstratos e se chegar a uma conclusão moral.
>
> A alegoria é muito comum nos ditos e expressões populares em que se mostra uma coisa pelas palavras e outra pelo sentido, havendo uma aproximação de elementos por alguma semelhança ou analogia.
>
> Por exemplo, a expressão popular *Cada macaco no seu galho* tanto pode ser interpretada no sentido literal, denotativo, isto é, cada um ocupa um lugar, em seu galho, como no sentido figurado ou conotativo, com um fundo moral ou ensinamento, isto é, cada um deve ter a sua individualidade, deve procurar o seu lugar na vida. Daí se dizer que na alegoria haverá sempre dois sentidos completos e perfeitos: um referencial ou denotativo e outro metafórico ou conotativo.

No texto 2, *Miguilim*, há elementos representando a realidade tanto pelas palavras quanto pelo sentido, conforme a definição de *alegoria*. Desde a chegada do doutor até a aprovação da partida do menino pela mãe no fim do texto, podem-se perceber pistas na narrativa que sugerem mudança ou transformação. Veja os quatro principais momentos da narrativa:

A. A inesperada chegada do doutor:

De repente lá vinha um homem a cavalo.[...] Um senhor de fora, o claro de roupa [...].

B. O momento em que o doutor coloca os óculos no menino:

E o senhor tirava os óculos e punha-os em Miguilim [...].

C. A descoberta de uma nova realidade pelo menino:

Tudo era uma claridade, tudo novo e lindo e diferente [...].

D. A frase da mãe no fim da narrativa:

— Vai, meu filho. É a luz dos teus olhos [...].

Os fragmentos e as frases selecionadas acima tanto podem expressar um significado conforme a posição das palavras no texto, como também sugerir um sentido de acordo com a intenção do escritor. Relacione os sujeitos da coluna A com uma expressão correspondente ao sentido do texto da coluna B para indicar o tipo de alegoria em cada situação:

COLUNA A	COLUNA B
doutor	conhecimento
óculos	mudança
luz	descoberta
menino	novo ciclo de vida

A. O _____ representa uma alegoria para _____.

B. Os _____ representam uma alegoria para _____.

C. A _____ representa uma alegoria para _____.

D. O _____ representa uma alegoria para _____.

3. Ao confrontarmos o texto 1 com o texto 2, alguns traços comuns são evidenciados. Que traços são esses? Responda à questão considerando o argumento sobre *conhecimento e inovação* do texto 1; e a mudança que acontece com Miguilim quando o doutor coloca-lhe os óculos, além da última frase da mãe:

— Vai, meu filho. É a luz dos teus olhos [...].

_____

_____

_____

Ampliando horizontes

Promoção da saúde ocular na escola

Aproximadamente 15,0% das crianças em idade escolar necessitam uso de correção óptica [...].

Até a idade escolar, pode passar despercebida da família a maior parte das dificuldades visuais da criança, por desconhecimento e/ou ausência de sinais ou queixas. Ao ingressar na escola, contudo, manifestam-se distúrbios oculares, preexistentes ou não, evidenciados em razão do esforço visual necessário para a realização do processo ensino-aprendizagem. Os problemas visuais influem no rendimento escolar e na sociabilização da criança, requerendo ações precoces de identificação e tratamento.

O desenvolvimento de programas para detecção de distúrbios visuais de escolares do ensino fundamental, como forma de prevenção e correção de desvios da normalidade, requer a participação do professor. A convivência diária com os alunos propicia-lhe a oportunidade de conhecê-los e observar a ocorrência de alterações na aparência e no comportamento, provocadas por desvios da saúde ocular.

Arquivos Brasileiros de Oftalmologia. Disponível em: <http://www.abonet.com.br/abo/645/abo64504.htm>. (Acesso em 21 jun. 2011).

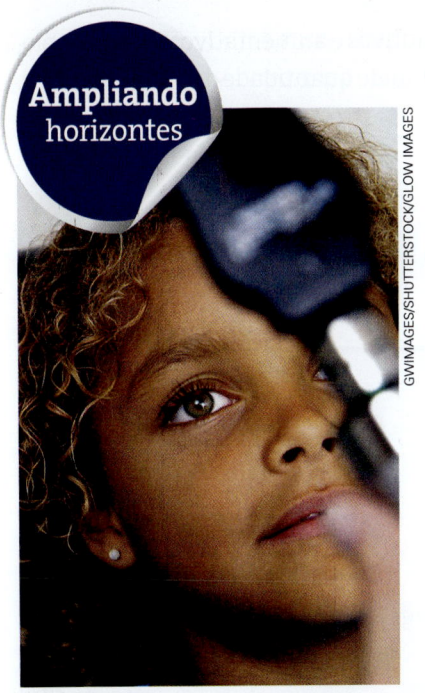

Garota fazendo exame de vista.

Vamos escrever

Agora é a sua vez de escrever um texto ficcional que aborde o tema *educação*. Antes disso, leia a pequena crônica abaixo, escrita por Eduardo Galeano (1940-), jornalista e escritor uruguaio. Ela servirá de base e inspiração na sua produção textual.

A função da arte

Santiago Kovadloff: poeta e ensaísta argentino, nascido em 1942.

fulgor: luminosidade intensa.

Diego não conhecia o mar. O pai, Santiago Kovadloff, levou-o para que descobrisse o mar.

Viajaram para o Sul. Ele, o mar, estava do outro lado das dunas altas, esperando.

Quando o menino e o pai enfim alcançaram aquelas alturas de areia, depois de muito caminhar, o mar estava na frente de seus olhos. E foi tanta a imensidão do mar, e tanto fulgor, que o menino ficou mudo de beleza.

E quando finalmente conseguiu falar, tremendo, gaguejando, pediu ao pai: Me ajuda a olhar!

GALEANO, Eduardo. *O livro dos abraços*. Porto Alegre: L&PM, 2002.

- O protagonista – personagem principal – de seu texto será o menino da crônica acima.
- Imagine que ele será levado pelo pai, pela primeira vez, a uma biblioteca e ficará igualmente "mudo", pois não sabe ler.
- Escreva seu texto na terceira pessoa, mas procure narrar as situações adotando o ponto de vista do garoto, criando assim uma atmosfera de maior intimidade entre ele e o leitor.
- Procure usar o discurso indireto livre para expressar as sensações e pensamentos do menino.

- Use uma linguagem próxima à da criança: com diminutivos e aumentativos, por exemplo, para expressar sua sensação de pequenez diante da grande quantidade de livros reunidos.
- Dê um título para seu texto.

Autoavaliação e reescrita

Junto com um colega, leiam e avaliem o texto um do outro, orientando-se pelo quadro a seguir.

sim	não	
☐	☐	O texto está narrado em terceira pessoa, mas adota o ponto de vista do menino?
☐	☐	O texto narra a chegada do garoto e de seu pai à biblioteca, e o que o menino sentiu lá?
☐	☐	A linguagem está adequada à personagem principal, expressando sua admiração diante da biblioteca?
☐	☐	Há, em seu texto, passagens nas quais o discurso é indireto livre?
☐	☐	O título e o texto estão "combinando"?

Depois que você e seu colega tiverem trocado ideias a respeito das respectivas produções textuais, retome seu texto e reescreva o que for necessário.

Bibliografia geral

BLIKSTEIN, Isidoro. *Técnicas de comunicação escrita*. São Paulo: Ática, 2006.

FARACO, C.; MOURA, F. M.; MARUXO, J. H. *Gramática*. São Paulo: Ática, 2010.

FIORIN, José Luiz; SAVIOLI, Francisco Platão. *Para entender o texto*: leitura e redação. São Paulo: Ática, 2007.

___. *Lições de texto*: leitura e redação. São Paulo: Ática, 2006.

GARCIA, Othon M. *Comunicação em prosa moderna*. Rio de Janeiro: Fundação Getulio Vargas, 2010.

GUIMARÃES, Elisa. *A articulação do texto*. São Paulo: Ática, 2007.

LAGE, Nilson. *Linguagem jornalística*. São Paulo: Ática, 2007.

LANDSMANN, Liliana Tolchinsky. *Aprendizagem da linguagem escrita*. São Paulo: Ática, 1998.

PRETI, Dino. *Sociolinguística*: os níveis da fala, um estudo sociolinguístico do diálogo na Literatura Brasileira. São Paulo: Edusp, 2003.

RATHS, Luís E. *Ensinar a pensar*. São Paulo: EPU, 1977.

RODARI, Gianni. *Gramática da fantasia*. São Paulo: Summus, 1982.